EX-MARIDO, PAI PRESENTE

Dados Internacionais de Catalogação na Publicação (CIP)
(Câmara Brasileira do Livro, SP, Brasil)

Palermo, Roberta
  Ex-marido, pai presente : dicas para não cair na armadilha da alienação parental / Roberta Palermo. – São Paulo : Mescla, 2012.

  Bibliografia
  ISBN 978-85-88641-28-0

  1. Alienação parental 2. Amor paternal 3. Direito de família 4. Guarda de filhos 5. Pai e filho 6. Papel dos pais 7. Relações familiares 8. Separação (Psicologia) I. Título.

12-06557   CDD-646.78

Índice para catálogo sistemático:
1. Alienação parental, processos e presença : Pai e filhos : Convivência : Vida familiar   646.78

www.mescla.com.br

Compre em lugar de fotocopiar.
Cada real que você dá por um livro recompensa seus autores
e os convida a produzir mais sobre o tema;
incentiva seus editores a encomendar, traduzir e publicar
outras obras sobre o assunto;
e paga aos livreiros por estocar e levar até você livros
para a sua informação e o seu entretenimento.
Cada real que você dá pela fotocópia não autorizada de um livro
financia o crime
e ajuda a matar a produção intelectual de seu país.

Roberta Palermo

EX-MARIDO, PAI PRESENTE

Dicas para não cair na armadilha da alienação parental

EX-MARIDO, PAI PRESENTE
Dicas para não cair na armadilha da alienação parental
Copyright © 2012 by Roberta Palermo
Direitos desta edição reservados por Summus Editorial

Editora executiva: **Soraia Bini Cury**
Editora assistente: **Salete Del Guerra**
Revisão técnica: **Sandra Regina Vilela, advogada**
Capa: **Alberto Mateus**
Imagem de capa: **Elie Bernager/Getty Images**
Projeto gráfico e diagramação: **Crayon Editorial**
Impressão: **Sumago Gráfica Editorial**

Mescla Editorial
Departamento editorial
Rua Itapicuru, 613 – 7º andar
05006-000 – São Paulo – SP
Fone: (11) 3872-3322
Fax: (11) 3872-7476
http://www.mescla.com.br
e-mail: mescla@mescla.com.br

Atendimento ao consumidor
Summus Editorial
Fone: (11) 3865-9890

Vendas por atacado
Fone: (11) 3873-8638
Fax: (11) 3873-7085
e-mail: vendas@summus.com.br

Impresso no Brasil

Sumário

PREFÁCIO 7

APRESENTAÇÃO 11

1 Definindo a alienação parental 15

2 As consequências da alienação parental para pai e filhos 25

3 Separou? E agora? 29

4 Como evitar a alienação parental 59

5 Alienação parental, processos e presença 75

6 Depoimentos 81

PALAVRAS FINAIS 91

PARA SABER MAIS 93

Prefácio

Conheci Roberta Palermo em 2002, quando fomos convidadas para dar uma entrevista a um canal de TV de uma importante universidade da cidade de Santos, localizada no litoral de São Paulo. Ambas havíamos acabado de lançar nossos primeiros livros e estávamos realizadas pela possibilidade de ajudar as pessoas a se tornar um pouco melhores, um pouco mais humanas.

Fizemos a viagem até Santos no carro da Roberta e, apesar de termos acabado de nos conhecer, parecíamos amigas de longos anos, rodando pelas "curvas da estrada de Santos", tão bem cantadas na música de Roberto Carlos e nos pneus do seu famoso Cadillac azul. Quantas risadas! Quantas trocas! Que viagem!

Combinamos de nos rever, de fazer outras coisas juntas, mas a vida, sempre a nossa vida agitada... Ela foi passando, passando e... Cadê a Roberta? Cadê eu? Naquela época, ela já era uma mulher corajosa e vanguardista. Baseada em suas experiências, saiu pela vida defendendo as "pobres" das madrastas, quebrando paradigmas culturais e sociais estabelecidos contra essa "bruxa" que, de alguma forma, ocupava o lugar da "mãe santificada". Quanta injustiça! Quantos preconceitos contra essa figura!

E agora, dez anos depois, eis que reencontro Roberta, ao receber seu adorável convite para escrever o prefácio deste seu novo livro. Hoje, ela é uma terapeuta familiar respeitável e continua sendo a pessoa bem-humorada e corajosa que sai pela vida defendendo as pessoas que sofrem com o pré-julgamento de uma sociedade que ainda é preconceituosa e fortalece a importância da mãe – pouco sabendo da importância do pai na formação e no desenvolvimento infantil e nas inter-relações familiares.

Neste livro, Roberta tem a coragem de falar a favor do pai. Quando um casal se separa, muitas vezes o vilão da história acaba sendo ele. Acusado injustamente, o pai sofre de alienação parental. O oposto também acontece, mas todos defendem as mães, que se transformam em vítimas da tirania masculina e do dito machismo. É bom dizer que, numa separação, a "culpa" é do casal. Ninguém é santo nessa história...

Mas, num mundo em que a justiça, a sociedade, a cultura e os costumes sempre valorizaram o papel materno; num mundo em que as famílias passam por novas estruturações e no qual as mulheres lutaram por seus direitos, cresceram e ganharam poder, Roberta sai defendendo o homem, o pai, que perdeu seu papel em algum momento em meio a todas essas transformações.

O pai, o primeiro "outro" na relação simbiótica entre mãe e filho, é muitas vezes colocado de lado pela própria mãe da criança, devido a um sentimento de posse sobre o filho. Assim, ele acaba sendo visto somente como um "caixa bancário" e não tem consciência de quanto a sua participação na vida do filho é importante para o desenvolvimento intelectual, cognitivo, afetivo, social e emocional deste. Estudos mostram que as crianças que têm um pai presente, amoroso e atuante tornam-se mais inteligentes. Você também precisa saber da importância do seu papel, como figura de proteção e como modelo de homem para o seu filho ou para a sua filha. Leia atentamente este livro.

Homens, uni-vos! Lutem pelos seus filhos e pelos seus direitos. Desempenhem o papel que é de vocês. Você que é pai, exerça a paternidade. Não permita que ninguém destrua a sua imagem e muito menos o afaste de seus filhos. Lute por eles, conheça seus direitos, não se amedronte nem caia nas armadilhas de pessoas que não pensam no bem-estar dos seus filhos, mas sim em vingar-se, colocando-os contra você. Eles também sofrem, pois ficam divididos: amam o pai, mas não confessam isso para não aborrecer a mãe.

Sugiro que você devore este livro. Leia, releia, deixe-o sobre a sua mesa de cabeceira para consultá-lo sempre. Ele lhe oferece a maioria das respostas de que necessita para tomar as atitudes corretas diante dos conflitos gerados pela alienação e para que possa ser um bom pai, apesar da separação. Tome o cuidado de respeitar a mãe de seus filhotes, não destrua a imagem que eles fazem dela. Se você sofre de alienação parental, não dê o troco na mesma moeda. Não se transforme também em mais um alienador. Não entre nesse jogo sujo, pois aqueles que mais sofrem são os seus filhos.

Não os abandone nunca! Aprenda a lidar com as dificuldades de uma separação mal resolvida e a lutar pelo direito de estar com os seus "pequenos", não importa que idade eles tenham.

Reflita e pratique: *ex-marido, pai presente*.

Parabéns, Roberta, pela sensibilidade na escolha do tema deste livro e pela coragem de defender a figura masculina, a figura paterna, tão mal compreendida.

Sucesso! E que venha o próximo!

ELIZABETH MONTEIRO
Pedagoga, psicóloga e autora dos livros *Criando adolescentes em tempos difíceis* e
A culpa é da mãe – Reflexões e confissões acerca da maternidade

Apresentação

Ser pai depois da separação

Nos dias de hoje, fala-se muito sobre alienação parental. É um importante avanço. A divulgação do tema alertou famílias e, principalmente, especialistas que lidam com os casos de abuso emocional em que a mãe ou o pai de uma criança a treina para romper os laços afetivos com o outro cônjuge depois da separação. Psicólogos, terapeutas, psiquiatras, advogados, conselhos tutelares e juízes – responsáveis pelas decisões finais nos processos que acabam nos fóruns de família – agora são capazes de conduzir o assunto com muito mais critério.

Basicamente, a alienação parental consiste em dificultar o contato da criança com o outro genitor. A mãe ou o pai omite informações relevantes, faz críticas ásperas e realiza aquela famosa campanha de desqualificação do ex-companheiro. A criança, no meio do fogo cruzado, começa a conviver com sentimentos de ansiedade e de temor em relação ao genitor. É quando se estabelece a alienação parental. Esse cenário é comum quando o casamento acaba e os filhos viram a principal arma na guerra travada entre os pais.

Neste livro, dirijo-me ao pai. Embora ainda não haja números precisos sobre o tema, alguns dados ajudam a entender por que a mãe tem mais chance de se tornar alienadora. De acordo com as Estatísticas de Registro Civil, divulgadas em 2010 pelo Instituto Brasileiro de Geografia e Estatística (IBGE), em 87,3% dos casos são elas que detêm a guarda dos filhos em casos de separação. Nesse contexto, ainda segundo o IBGE, cerca de 1/3 dos filhos perde contato com os pais, sendo privados do afeto e do convívio com o genitor ausente.

O Censo de 2010, divulgado pelo IBGE, mostra que nos últimos dez anos a proporção de pessoas divorciadas no Brasil cresceu, passando de 1,8% em 2000 para 3,1% em 2010. O número de indivíduos separados – a chamada dissolução de união conjugal – também subiu de 11,9% para 14,6%.[1]

Em vários casos de separação, o pai acaba aceitando as migalhas que a mãe oferece para evitar desentendimentos. Porém, quanto mais cede, mais ela exige. Ele sabe que a Justiça é pró-materna e que enfrentará dificuldades para mostrar que deseja ser um pai presente. A mãe, com certeza, vai interferir nesse processo e o desistimulará a seguir adiante.

Os relatos que ouço desses pais são estarrecedores. A maioria não sabe por onde começar a lutar pelo direito de conviver com o filho. É comum, inclusive, não contarem ao filho a sua versão da história, enquanto a mãe, aproveitando-se da vantagem de ter a criança ao seu lado, distorce a imagem do pai.

A meu ver, o que mais contribui para os casos de alienação parental é o fato de a sociedade exaltar em demasia o papel da mãe. Os próprios pais chegam à conclusão de que a mãe é boa e basta. E, assim, terminam por concluir que não vale a pena brigar e se desgastar.

---

1. A separação judicial era exigida por lei para que as pessoas se divorciassem. Ela colocava fim às obrigações do casamento, mas somente o divórcio punha fim a este. Com a Emenda Constitucional 66, de 13 de julho de 2010, a legislação brasileira deixou de exigir a separação para que seja pedido o divórcio.

Mas o pai não pode desistir. Com certeza vai dar trabalho, será cansativo e acarretará gasto financeiro. Mas, ainda que seja difícil, o pai não pode abdicar do direito de ser pai e de dar a oportunidade à criança de tê-lo em sua vida.

Toda criança quer um pai e uma mãe presentes. Hoje, sei que tive um pai presente depois da separação dos meus pais porque minha mãe facilitou as coisas para que isso acontecesse. Meu pai tinha vontade e intenção de participar, mas o apoio da minha mãe foi fundamental. Porém, essa não é a regra na maioria dos lares. Um casamento desfeito, em geral, envolve muitas mágoas. São raros os casais que lidam de forma racional com a situação, deixando os filhos emocionalmente estáveis.

Há dez anos faço um intenso trabalho com madrastas e pais em suas novas famílias por meio do Fórum das Madrastas (http://madrasta.forumattivo.com/) na internet e no atendimento em consultório. É comum a sociedade cobrar da madrasta que se esforce para viver bem com a criança. No entanto, quem mais precisa se esforçar é o pai, pois ele é a base para que o relacionamento entre madrasta, criança e ex-mulher seja harmônico.

Ocorre que a solução desse problema de convívio está justamente nas mãos de quem não tem ideia do que fazer e considera que tudo vai mal por causa da madrasta ciumenta. Esses pais necessitam de ajuda, independentemente de já terem ou não um novo relacionamento.

Portanto, um dos objetivos deste livro é fortalecer o pai para que ele não permita que a mãe atrapalhe sua convivência com o filho depois da separação. O pai precisa entender alguns pontos importantes sobre o papel de cada um, principalmente quando já existe um novo relacionamento.

Nas páginas deste livro, o pai vai encontrar todas as explicações necessárias sobre essa forma de abuso psicológico. No primeiro capítulo, apresento uma definição ampla e elucidativa. Em 2010, foi aprovada no Brasil a lei que pune a alienação parental. Caso se configure a conduta, a legislação prevê penas que vão de advertência e multa até a perda da guarda da criança. A regulamentação é um instrumento de apoio fundamental para quem precisa reconquistar seu espaço.

No segundo capítulo, trato das consequências da alienação parental para pai e filhos. A criança vítima de alienação tem sentimentos diferentes dos esperados em uma relação de afeto e se torna mais propensa a apresentar distúrbios psicológicos. Nesse imbróglio, o pai é tão vítima quanto a criança.

A partir daí, demonstro nos capítulos seguintes as medidas e as precauções que o pai deve tomar antes que se configure a alienação parental. E, caso ela esteja ocorrendo, o que ele pode fazer jurídica e psicologicamente para evitar o pior. Quanto mais cedo o pai perceber que está sendo alienado, quanto mais cedo um advogado atuar, quanto menos tardarem os procedimentos, maiores as chances de encontrar soluções para o problema.

Por fim, recorro aos depoimentos para ilustrar histórias de alienação. São pais e filhos que passaram por processos penosos e hoje buscam reconstruir a vida. É o caso do americano David Goldman, que conseguiu recuperar a guarda do filho, Sean, alvo de disputa primeiro com a ex-mulher e depois com os avós maternos. Goldman foi valente. Enfrentou uma das maiores batalhas judiciais de que se tem notícia nos últimos tempos para retomar a guarda do filho. Um exemplo de amor paterno incondicional.

1
Definindo a alienação parental

A denominação "síndrome da alienação parental" (SAP) surgiu como simples terminologia para definir uma série de sintomas associados. O fato é que era necessário conceituar um problema que já se constatava desde o fim do século passado. As consequências do distanciamento do filho de um dos seus genitores eram notáveis nos processos de separação. Portanto, era premente estabelecer parâmetros para enfrentar os casos em benefício da criança ou adolescente e, em consequência, do próprio genitor atingido.

Os primeiros registros do termo "síndrome da alienação parental" surgiram em 1985, quando Richard Gardner (1931-2003), professor da Clínica Infantil da Universidade de Columbia e membro da Academia Norte-americana de Psiquiatria da Criança e do Adolescente, iniciou as pesquisas sobre o tema. Hoje suas teorias servem para consultas no mundo todo e auxiliam em sentenças judiciais. Seus estudos foram fundamentais para estabelecer parâmetros e enquadrar os casos perante a Justiça.

Na definição de Gardner (2002),

a síndrome de alienação parental (SAP) é um distúrbio da infância que aparece quase exclusivamente no contexto de disputas de custódia de crianças. Sua manifestação preliminar é a campanha denegritória contra um dos genitores, uma campanha feita pela própria criança e que não tenha nenhuma justificação. Resulta da combinação das instruções de um genitor (o que faz a "lavagem cerebral, programação, doutrinação") e contribuições da própria criança para caluniar o genitor-alvo.[2]

A experiência de Gardner demonstra que a influência do alienador promove sérios danos à formação psicológica da criança. Atitudes como mentir, inventar emoções, forjar sentimentos são provocadas por repetidos atos de "lavagem cerebral" a que a criança é submetida. Trata-se de uma indução intensiva contra o genitor alienado. Em casos extremos, quando o alienador alega abuso sexual, compromete ainda mais a estabilidade emocional da criança, pois a obriga a enfrentar a situação durante o longo processo de investigação e todo o constrangimento inerente a ele.

O que diz a lei

O amparo jurídico era primordial para inibir a alienação parental e ajudar a atenuar seus efeitos. No Brasil, a legislação é relativamente nova. O projeto de lei que deu origem à regula-

---

2. Existem diferenças conceituais entre os termos "síndrome da alienação parental" (SAP) e "alienação parental" (AP). Segundo Gardner, a SAP demanda que um genitor "programe" a criança contra o outro genitor e que a criança reaja a essa situação manifestando animosidade, rejeição ou depreciação do genitor alienado. Na AP, a criança não reage à programação do genitor alienador. A Lei n.º 12.318/10, no artigo 6, não fala expressamente sobre a SAP, mencionando apenas atos de alienação parental ou qualquer conduta que dificulte a convivência da criança ou do adolescente com o genitor. A intenção do legislador foi evitar qualquer ato que possa prejudicar a criança. Portanto, a lei brasileira transcende a evitação da SAP ou a AP.

Ex-marido, pai presente

mentação começou a tramitar no Congresso Nacional em outubro de 2008.

O primeiro passo foi dado pelo juiz do trabalho Elízio Luiz Perez, do 2.º Tribunal Regional do Trabalho (TRT) de São Paulo. Após muita pesquisa e consulta a colegas e profissionais de outras áreas que também vivenciavam a alienação, ele elaborou o ante-projeto que serviu de base para o projeto de lei n.º 4.053/2008, de autoria do deputado Régis de Oliveira (PSC-SP). Aprovado por unanimidade na Câmara, o projeto foi encaminhado ao Senado, sob relatoria do senador Paulo Paim (PT-RS), cujo texto integral também foi aprovado nessa instância.

Em 26 de agosto de 2010, foi sancionada a Lei n.º 012.318, que regulamenta e define o tema:

Considera-se ato de alienação parental a interferência na formação psicológica da criança ou do adolescente promovida ou induzida por um dos genitores, pelos avós ou pelos que tenham a criança ou adolescente sob a sua autoridade, guarda ou vigilância para que repudie genitor ou que cause prejuízo ao estabelecimento ou à manutenção de vínculos com este.

A lei estabelece também parâmetros que ajudam a identificar os casos de alienação parental. De acordo com o texto,

são formas exemplificativas de alienação parental, além dos atos assim declarados pelo juiz ou constatados por perícia, praticados diretamente ou com auxílio de terceiros:
• realizar campanha de desqualificação da conduta do genitor no exercício da paternidade ou maternidade;
• dificultar o exercício da autoridade parental;
• dificultar o contato de criança ou adolescente com genitor;

- dificultar o exercício do direito regulamentado de convivência familiar;
- omitir deliberadamente a genitor informações pessoais relevantes sobre a criança ou adolescente, inclusive escolares, médicas e alterações de endereço;
- apresentar falsa denúncia contra genitor, contra familiares deste ou contra avós, para obstar ou dificultar a convivência deles com a criança ou adolescente;
- mudar o domicílio para local distante, sem justificativa, visando dificultar a convivência da criança ou adolescente com o outro genitor, com familiares deste ou com avós.

A prática do ato de alienação parental, de acordo com a lei, fere o direito fundamental da criança ou do adolescente de convivência familiar saudável, prejudica a troca de afeto nas relações com o genitor e com o grupo familiar, constitui abuso moral contra a criança ou o adolescente e descumprimento dos deveres inerentes à autoridade parental ou decorrentes de tutela ou guarda.

Outro aspecto importante é que a lei se aplica a todos os processos em andamento, e não apenas aos que foram protocolados a partir da assinatura presidencial. Desse modo, casos cuja sentença negou a alienação podem ser reabertos para reavaliação. Os advogados também podem ingressar com novas petições nos processos que estão em análise.

Sobre a penalidade prevista, o projeto original da legislação propunha pena de dois anos de prisão para o alienador, mas sofreu veto presidencial. À época, concluiu-se que a medida resultaria no distanciamento da criança de um dos genitores, talvez de maneira ainda mais traumática. Diante da questão, foram propostas outras formas de punir o alienador, a critério do julgamento. O juiz poderá adotar as seguintes medidas, isoladas ou cumuladas, segundo a gravidade do caso, conforme estabelece o artigo 6.º da lei:

Ex-marido, pai presente

- declarar a ocorrência de alienação parental e advertir o alienador;
- ampliar o regime de convivência familiar em favor do genitor alienado;
- estipular multa ao alienador;
- determinar acompanhamento psicológico e/ou biopsicossocial;
- determinar a alteração da guarda para guarda compartilhada ou sua inversão;
- determinar a fixação cautelar do domicílio da criança ou adolescente;
- declarar a suspensão da autoridade parental.

A argumentação da lei é bastante clara e ampla, exemplificando constatações mais comuns e situações já vivenciadas na base do Direito, a ponto de considerar avós e outros responsáveis diretos. A lei também permite variações que serão analisadas por equipe multidisciplinar, capaz de apurar as condições de casos adversos. Para conhecê-la na íntegra, acesse: www.alienacaoparental.com.br/lei-sap.

Como se dá o processo de alienação parental

A alienação parental acontece porque invariavelmente um dos cônjuges se sente em desvantagem na disputa emocional. Em uma separação conturbada, há sempre alguém interessado em vingança, transformando as mágoas da traição e da rejeição em desejo de destruição e desmoralização do ex-companheiro.

Por isso, os casos mais frequentes estão associados a situações nas quais a ruptura da vida conjugal gera em um dos genitores uma forte tendência à vingança. É quando um dos genitores não consegue elaborar adequadamente o luto da separação, desencadeando o processo de descrédito do ex-cônjuge.

O problema é que, nesse processo vingativo, o filho é utilizado como instrumento da agressividade direcionada ao ex-parceiro.

O que o alienador faz é abusar do direito da guarda. A maior vítima é a criança/o adolescente, que, por ser fiel ao genitor que detém a guarda, vive sentimentos contraditórios e pode até chegar ao rompimento afetivo com o genitor que vive afastado.

Infelizmente, as separações são traumáticas na maioria dos casos. Dados do site Alienação Parental revelam que 80% dos filhos de pais divorciados já sofreram algum tipo de alienação parental. Estima-se que mais de 20 milhões de crianças convivam com esse tipo de violência.

Como age o alienador

Um dos recursos mais utilizados pelo genitor alienador é distorcer a realidade, forjando situações para afastar o ex-companheiro do filho. Um exemplo: o genitor que detém a guarda, geralmente a mãe, avisa à criança que o pai virá buscá-la para passar o fim de semana com ele. Tudo está pronto e ambas ficam esperando o pai chegar. As horas passam e o pai não chega. A mãe demonstra tristeza, compaixão e, para salvar a criança de tamanha frustração, resolve que o melhor a ser feito é sair para tomar um sorvete.

Nos casos de alienação, tudo isso pode ter sido forjado. O que a criança desconhece é que em momento nenhum o pai soube que ela o estava esperando. A intenção é mostrar até que ponto o pai é mau e como ela, abnegadamente, ama a criança, protege-a e está presente até em seus piores momentos. Cria-se cumplicidade por meio da manipulação.

O problema é que a criança acredita que foi abandonada e passa a ser cúmplice da mãe, assumindo o sentimento imposto por ela, chegando até a usar as mesmas palavras para descrever o "péssimo" pai que tem.

Existem alguns comportamentos que demonstram a alienação de forma clara, e a lei classifica boa parte deles:

- O genitor alienador "esquece" de dar recados quando o alienado telefona para o filho.
- Também "esquece" de avisar sobre compromissos e atividades escolares em que seria necessária ou desejável a presença do genitor alienado, como consultas médicas ou reuniões escolares.
- Faz comentários pejorativos sobre o outro genitor diante da criança.
- Menciona, sempre na presença da criança, que o outro deixou de comparecer a compromissos sobre os quais convenientemente "esqueceu" de avisar o genitor afastado, afirmando até que ponto ele é omisso em relação ao filho.
- Dificulta a convivência do alienado com o filho, criando programas maravilhosos para o dia em que a criança estará com o ex-cônjuge.
- Telefona todo o tempo em que o menor está com o alienado no período de convivência.
- Tenta manter o controle sobre o filho determinando o tipo de programação que o menor fará com o genitor alienado.
- Diz ao filho que fica muito triste quando este fica com o outro genitor, fazendo que a criança se sinta culpada ao se divertir com o alienado.
- Força a criação de uma cumplicidade entre si e a criança de modo que ela afirme sentir o que ele, alienador, sente.
- Muda de cidade, sem justificativa e de forma abrupta, para impedir que os filhos tenham a convivência mantida com aquele que está sendo alienado.

O alienador age a despeito do que possa causar à criança. Em tudo que faz prevalece o sentimento de posse. É uma pessoa emocionalmente doente, que acredita que faz o bem. Pedir aumento de pensão ou impedir que a criança conviva com a madrasta ou com os avós paternos também são atitudes do alienador.

Outra conduta comum é impedir o direito do pai de visitar a criança em virtude do não pagamento da pensão alimentícia. Denegrir o genitor que constituiu outra família, afirmando que foram trocados e o pai/a mãe não se importa, e obter vantagens financeiras por parte do outro cônjuge, justificando necessidades da criança, são outros comportamentos frequentes.

Há também casos extremos em que ocorrem denúncias falsas de abuso sexual, para que o pai perca o direito a pernoites e seja monitorado durante os encontros com a criança. Essa é, sem dúvida, a conduta que mais pode prejudicar a criança, por conta de exames clínicos e da exploração emocional mais ostensiva.

A perícia, nesses casos, submete a criança à investigação social e psicológica e, apesar de aprofundados e demorados, esses exames são considerados inconclusivos, transferindo ao juiz todo o peso da decisão de manter as visitas, determinar que aconteçam de forma assistida ou suspendê-las de vez. Para efeito de apuração, é possível que crianças maiores de 3 ou 4 anos de idade sejam ouvidas pelo juiz, a fim de colher o depoimento.

E não é incomum as crianças se portarem como verdadeiros adultos na frente do juiz, com respostas rápidas e decoradas, demonstrando maturidade imprópria para a idade. Assim, fica evidente a manipulação por parte do alienador. As manifestações de ódio e/ou agressividade da criança culminam na rejeição ao pai.

Por isso, recomendo ao pai que ingressar em um processo de alienação parental que contrate um psicólogo para acompanhar o caso. Esse profissional, que poderá ajudar o pai em sua defesa, atuará no processo como assistente técnico.

Avós e familiares

E não pense que a alienação parental é praticada somente por mães e pais. A lei é clara ao afirmar que considera ato de alienação parental "a interferência na formação psicológica da criança ou adolescente, promovida ou induzida por um dos genitores, pelos avós ou pelos que tenham a criança ou adolescente sob sua autoridade, guarda ou vigilância".

Portanto, avós e outros familiares também podem ser responsabilizados. Eles podem, inclusive, alienar os próprios filhos, afirmando que estes não servem para criar os netos ou que simplesmente os abandonaram.

2

As consequências da alienação parental para pai e filhos

Ao provocar a alienação, o genitor não tem ideia de como pode comprometer o desenvolvimento psicológico da criança/do adolescente. Os diagnósticos mais comuns nas vítimas da alienação são depressão, ansiedade e pânico. O estado emocional interfere na postura social, no rendimento escolar e causa baixa autoestima. Já na adolescência, eles sofrem com o sentimento de culpa e podem se envolver com álcool e drogas para amenizar a dor. Suicídios também constam entre as consequências desse processo. Estudos indicam ainda que transtornos de personalidade, dificuldade de estabelecer relacionamentos estáveis quando adultos e até distúrbios de gênero podem ser resultado da desqualificação do genitor-alvo.

De acordo com Priscila Maria Pereira Corrêa da Fonseca, doutora em Direito Processual Civil pela Universidade de São Paulo,

os efeitos da síndrome podem se manifestar às perdas importantes – morte de pais, familiares próximos, amigos etc. Como decorrência, a criança (ou o adulto) passa a revelar sintomas diversos: ora apresenta-se como portadora de doenças psicossomáticas, ora mostra-se ansiosa, deprimida, nervosa e, principalmente, agressiva. Os relatos acerca das consequências da síndrome da alienação parental abrangem ainda depressão crônica, transtornos de identidade, comportamento hostil, desorganização mental e, às vezes, suicídio. É escusado dizer que, como toda conduta inadequada, a tendência ao alcoolismo e ao uso de drogas também é apontada como consequência da síndrome. (Fonseca, 2006)

Sem estrutura psicológica para lidar com algumas emoções, a criança que está no centro da alienação parental se vê forçada a ser solidária a um dos pais (o alienador), com quem passa a manter uma relação simbiótica. Com isso, ela acaba por contribuir ainda mais para aprofundar o processo de alienação.

Os pais alienados sofrem tanto quanto as crianças. A depressão e a ansiedade passam a ser companheiras constantes em razão da perda do vínculo e do contato com os filhos, das perdas financeiras e até mesmo da privação da liberdade (no caso de falsas acusações de abuso sexual).

O tratamento psicológico de todos é fundamental. Na maioria das vezes, contudo, o alienador não se submeterá às sessões. Em geral ele não reconhece ou não percebe o que faz. E o acompanhamento de um especialista às vezes não basta. É necessária uma atuação em conjunto com as medidas legais.

Toda a família deve ficar atenta, pois há, digamos, certo grau de contágio. A tendência à repetição de comportamentos torna comum a existência de várias gerações de alienadores na mesma família, sempre afirmando que, se conseguiram criar seus filhos sozinhos, não há necessidade do outro na vida dos netos, dos sobrinhos etc.

Graus de alienação

A síndrome de alienação parental pode ser medida em estágios: leve, moderado e grave. No estágio leve, a criança se sente constrangida somente no momento em que os pais se encontram; afastada do guardião, a criança mantém um relacionamento normal com o outro genitor.

Já no estágio moderado, a criança apresenta atitudes indecisas e conflituosas. Em certos momentos, já mostra sensivelmente o desapego ao não guardião.

Quando a SAP atinge o estágio grave, é hora de se preocupar. A criança apresenta-se doente, perturbada a ponto de compartilhar todos os sentimentos do guardião, não só ouvindo as agressividades dirigidas ao não guardião como contribuindo com o processo de desmoralização do genitor.

Morte inventada

No documentário *A morte inventada* (2009), do diretor Alan Minas, é possível ver relatos de filhos que na vida adulta descobriram que a mãe os afastava do pai. O filme mostra depoimentos de pais alienados, profissionais da psicologia e do direito, tratando da alienação parental e de todo o malefício provocado pelo detentor da guarda ao afastar a criança do ex-cônjuge. O documentário traz declarações de vítimas da alienação que constataram que foram cúmplices inconscientes de uma grande injustiça.

O título é bastante sugestivo porque a meta do alienador é justamente "matar" em vida a figura do alienado dentro da criança. Para uma criança, matar o pai dentro de si traz a impossibilidade de sobrevivência emocional sem danos.

É um processo tão arrasador do ponto de vista psicológico que a percepção da criança acerca do outro genitor (o alienado) é alterada e com ela a qualidade do vínculo vai aos poucos se perdendo. A lacuna criada na vida dessas pessoas pela ausência de um dos genitores é irrecuperável. É um abismo, um buraco, uma ferida sempre aberta.

3

Separou? E agora?

O fracasso do casamento é lamentável. Descobrir que a pessoa por quem se foi tão apaixonado, com quem um dia se planejou uma vida, possa nos decepcionar provoca enorme desilusão. Mais deprimente ainda é constatar do que essa pessoa é capaz para atrapalhar a relação com um filho que tiveram. Toda dificuldade de lidar com o desgastante processo de separação e divórcio não se compara ao vazio de viver sem presenciar as descobertas do filho, sem acompanhar o aprendizado diário e, principalmente, sem a troca de carinho. Portanto, é preciso evitar toda e qualquer atitude que a mãe possa transformar em motivo para afastar pai e filho.

O menor deslize ou a falta de cuidado em atitudes simples podem contribuir para a já existente predisposição a promover o distanciamento. E cabe ao pai adotar uma série de medidas preventivas, rever conceitos e esforçar-se para não fornecer elementos para a alienação parental. A rotina diária sofrerá algumas adaptações para que cada nova decisão pessoal inclua o plano de manter o convívio com o filho. Assim, as relações pessoais, familiares, sociais e profissionais passarão a prever a nova condição, de pai presente, mesmo fora do formato original da família.

Contra fatos não há argumentos. Se o pai tiver o cuidado de detalhar ao máximo o acordo oficial de divórcio, será pouco provável que a mãe tenha êxito na alienação. A qualquer investida da mãe alienadora, haverá o amparo da lei, fazendo valer o que o juiz concordou. O mais grave é o apelo emocional, ao qual se deve dar ainda maior atenção. Por mais ingênua que seja, a criança perceberá com o tempo a boa e a má intenção no trato com ela. Pode-se contar também com a consulta de um especialista em terapia familiar, um mediador para ajudar a encontrar a melhor alternativa.

Separação legal

A primeira iniciativa quando o casal decide se separar é fazer um documento oficial que estipule o modelo de guarda que seguirão e a responsabilidade financeira de cada um. É trabalhoso enfrentar esse processo quando há filhos envolvidos, mas, ao decidir pela separação, o casal deve, a princípio, avaliar o que é melhor para as crianças.

São inúmeras as razões que podem justificar uma separação: ausência de diálogo, incompatibilidades entre si, desentendimentos, falta de bom-senso e de paciência, intolerância, desinteresse pelo companheiro por motivos diversos, infidelidade etc.

Ao se constatar que a separação é irrevogável, o primeiro passo é contratar um advogado para oficializar a separação ou um para cada parte, dependendo das condições de diálogo ou se houver litígio. É hora de praticar o uso do sufixo "ex". Em geral, o homem procura uma nova moradia e será preciso retirar tudo que for seu de sua ex-casa. É prudente trocar o endereço para receber as correspondências e, assim, desfazer todos os vínculos com a ex-esposa, como a conta conjunta no banco, por exemplo.

Porém, nada disso é tão importante quanto conversar com o filho e explicar o que está acontecendo. Às vezes os pais se esquecem de que os filhos fazem parte da história e inevitavelmente terão de viver as consequências da decisão tomada.

O que não se deve fazer

Algumas medidas simples podem evitar transtornos futuros. Mesmo com mágoas é preciso enfrentar a situação. Por exemplo, por pior que seja o momento, não se devem deixar todos os bens para a ex-esposa para eliminar o contato ou para modificar o mínimo possível a vida da criança. Decisões precipitadas podem gerar arrependimento. Até atitudes aparentemente sem importância, como não manter a mesma faxineira da ex-esposa, pode evitar confusões e complicações no processo de separação.

As sequelas da separação resultam de um período desgastante para todos. Porém, o pai não deve ocupar a posição de mártir sofredor, mesmo que a decisão de separar-se seja dele. Ele não pode carregar essa culpa, pois isso fará que tome decisões inadequadas para o resto da vida.

Pressa inimiga da perfeição, como sempre

Quando o homem se separa, não pode ter pressa para terminar o casamento ou se desvencilhar da ex-esposa. É nesse momento que alguns deixam tudo para a ex-mulher e acabam ficando sem nada. A maioria faz acordos péssimos e assume responsabilidades financeiras que, depois de um tempo, acabam pesando além da conta.

Por mais que o homem se sinta culpado pela separação, a paternidade não pode se tornar uma punição, um castigo. O pai não gerou esse filho sozinho e vale lembrar que, perante a lei, proporcionalmente à situação econômica, pai e mãe são financeiramente responsáveis pelo filho. O que é bom, pois é importante para a criança ver que ambos se dedicam ao seu sustento e bem estar.

A separação traz sequelas não só emocionais como financeiras, e para todos, em especial para o pai – o orçamento fatalmente sofrerá restrições. O ideal é que o homem deixe a casa onde moram para a ex-esposa e o filho. A infância é um período importante da vida. A estabilidade de continuar residindo no mesmo bairro e manter os amigos pode ser considerada primordial. Mas é também uma forma de revelar o valor de aprender a conquistar, já que o pai estará abrindo mão de algo pelo que batalhou em favor da família. Se o homem não dispõe de outro local para morar, onde inclusive receberá a criança nos dias de visita, é hora de mostrar que é preciso atender a todos. Por isso, o justo nesse caso é dividir os bens que tiverem para ambos terem onde morar.

Não são privilégios, são direitos!

É comum o homem achar que, se atender às exigências e fizer acordos como pede a ex-esposa, manterá determinados "privilégios" – como almoçar com o filho na casa dela todos os dias. Caso esse compromisso não esteja previsto em documento oficial, não será possível reclamá-lo quando a mulher resolver criar obstáculos e impuser condições.

A experiência mostra que aproximar-se mais do filho é um recurso do homem que não lida bem com a separação e tenta se reposicionar como pai. É bastante comum o pai passar a ser bem mais presente na vida da criança depois do rompimento, muitas vezes por culpa, já que não era exatamente um "paizão" antes.

O pai com culpa pela separação acredita que se fizer tudo pela criança amenizará a dor que ela possa estar sentindo. Só que nada diminui a frustração da separação dos pais além do tempo e dos ajustes necessários de acordo com cada caso. O que pode ser feito é melhorar a qualidade do tempo dedicado à criança e permitir que ela viva sempre em harmonia com seus pais.

A criança, em geral, não quer que os pais falem mal um do outro em sua presença, nem quer saber quem tem culpa do quê ou razão em quê. Todos estão em fase de adaptação, portanto todos precisam ter paciência para encarar a nova realidade. Não é necessário ser um pai condescendente, que faz tudo que a mãe quer. Com o tempo a criança percebe que o pai vive com medo e sob pressão e deixa de admirá-lo como ser humano capaz de resolver seus problemas de maneira competente.

Guarda unilateral

A legislação brasileira estabelece dois tipos de guarda: unilateral e compartilhada. Na guarda unilateral, um dos pais, normalmente a mãe, tem a guarda da criança. Em ambos os casos, o pai tem seus dias de convivência e deve pagar a pensão alimentícia todo mês. Funciona muito bem quando o detentor da guarda não atrapalha o convívio do ente que não mora com a criança, criando obstáculos e dificuldades de toda ordem.

Nesse modelo de guarda, a pensão alimentícia é um aporte mensal que será pago pelo ente que não vive com o filho. Embora leve esse nome, a pensão alimentícia não visa apenas à compra de comida, mas deve ajudar em todas as despesas, como escola, vestuário e saúde, entre outras necessidades.

A pensão sempre é considerada muito para quem paga e pouco para quem recebe. Por isso, é necessário um mediador para estipular esse valor. Deve ser um valor justo para que o pai não vire um escravo financeiro ou que a criança passe por privações por irresponsabilidade dos provedores. E não é raro acontecer de o homem abandonar a criança, deixando-a sem qualquer ajuda financeira. Cabe então à mãe, detentora da guarda, lutar pelo bem-estar do filho e entrar com um processo para que o pai arque com sua parte da responsabilidade.

O desemprego não é aceito legalmente como razão para deixar de sustentar os filhos. O responsável pela pensão deve continuar pagando o que ficou combinado oficialmente, portanto vale colocar uma cláusula sobre redução temporária em caso de desemprego, para evitar desgastes.

O valor da pensão pode ser modificado pelo juiz caso ele concorde com o pedido. Porém, antes de aceitar um valor acima do possível, é preciso ressaltar que será necessário manter uma casa para receber a criança em seus dias de convivência e, portanto, o pai terá de contar com recursos para as despesas desse novo lar. A alegação de que precisa reduzir o valor da pensão porque tem um novo filho pode ser considerada contraditória. Afinal, se esse pai não dá conta de tantas despesas, por que teve mais um filho? Dessa forma, deve-se redobrar a atenção antes de aceitar o pagamento de uma pensão acima da condição real.

Quando possível, proponha a pensão *in natura*. Nesse caso, em vez de dar o dinheiro da pensão à mãe, pagam-se diretamente os gastos da criança. As contas da escola e do plano de saúde, por exemplo, vão direto para o endereço do pai. Isso evita desgastes, pois é comum o pai achar que a mãe não usa o dinheiro da pensão de maneira adequada. Ao determinar que a pensão seja entregue à mãe, o juiz acredita que ela seja capaz de usar o dinheiro de forma correta. Só que as prioridades da mãe podem ser diferentes das do pai, o que causa conflitos. Também se pode optar por metade da pensão em dinheiro e metade *in natura*.

Existem vários outros inconvenientes quando a guarda é da mãe, resultado da falta do convívio diário com a criança e do afastamento da rotina. Com a separação, o pai não poderá interferir diretamente na dinâmica da casa e algumas atividades corriqueiras passarão a ser obrigações ou serão simplesmente desconsideradas porque não podem ser acompanhadas. Enquanto se dedica a montar uma nova vida, o homem vai aprendendo a lidar com dilemas e controvérsias a cada situação que envolva a ex-mulher e os filhos. Entre as mais complicadas está a aceitação da convivência com o padrasto ou a opção de que a mãe resolva mudar de cidade ou de estado.

Guarda compartilhada

O que parece ser ideal, mas não é tão comum, é a guarda compartilhada, que existe para que os pais possam cuidar da criança, tomar decisões juntos. Com ela, o ente que não mora na mesma casa tem a possibilidade de decidir e de ajudar nos cuidados com o filho. Pode haver inclusive alternância de casas – o que só será possível se o ex-casal for muito organizado e se os ex-

-cônjuges morarem perto. A criança poderá alternar dias na casa do pai e da mãe, dividindo a semana ao meio e revezando os finais de semana.

Mas a escolha dessa modalidade de guarda pode ser uma decisão egoísta, pois os pais estão fazendo isso por eles, enquanto a criança fica de um lado para o outro. Claro que é importante que a criança conviva com os dois, mas uma alternativa é que o genitor que não tenha a guarda possa vê-la todos os dias, levando-a e/ou buscando-a na escola, por exemplo.

A participação pode se dar de outras formas, sem demandar tantos deslocamentos. Já está estabelecido que uma das mazelas da separação é que filhos e pais não se veem todos os dias. Há, porém, famílias que vivem esse modelo de guarda e estão bastante satisfeitas.

Se a guarda for compartilhada, a mãe não poderá tomar decisões sozinha. Portanto, não poderá tirar a criança da escola particular e colocá-la em uma pública para economizar dinheiro. O pai não precisa *aceitar* o que a mãe quer fazer, pois eles compartilham as decisões em benefício da criança.

É o juiz que avalia se a guarda compartilhada é a mais indicada e pode negá-la se perceber que os pais não se entendem. Acontece também de existir harmonia suficiente para o compartilhamento informal, independentemente de apenas um ter a guarda da criança. O poder judiciário não pode partir do princípio de que os pais não estão predispostos a respeitar uma lei, um acordo. Pelo combinado oficialmente, os pais terão de seguir o que ficar determinado e se esforçar para manter uma convivência pacífica em prol dos filhos. Se um desobedecer, o outro aciona a lei e aplica-se a sanção cabível.

A Justiça deve considerar também os possíveis rumos que a separação pode tomar e analisar sinais de uma provável mudança antes de definir o tipo de guarda. O fato de o pai solicitar a guarda compartilhada pode sugerir que ele tenha restrições sobre a postura da mãe, agindo por precaução. Quando não há garantia quanto ao comportamento da mãe, é prudente avaliar qualquer indicação para não comprometer um pedido de guarda compartilhada anteriormente negado.

Não é incomum que a mãe, depois de anos mantendo a guarda do filho, decida "devolver" a criança ao deparar com dificuldades de disciplina, principalmente na adolescência. Ela alega que tudo esteve sob sua responsabilidade desde o início e decide, de repente, querer dividir a guarda. Tal conduta pode representar maior sacrifício para o homem que deixou de se manifestar no começo do processo de separação, ainda mais depois de um longo tempo de convivência parcial e afinidade prejudicada.

Brechas na lei

No consultório, já deparei com inúmeros grupos de pais que lutam para conviver com os filhos depois da separação. Constata-se que a Justiça é essencialmente materna, pois ainda hoje é natural que a guarda da criança seja passada à mãe. O pai se torna um provedor financeiro – e não se espera muito mais que isso de seu papel no dia a dia. Muitos pais, porém, querem estar presentes na vida do filho mesmo depois do fim do casamento. Sofrem a dor da perda da rotina diária, gostariam de opinar sobre a escolha da escola e sobre o esporte mais adequado para a criança. No entanto, esse poder cabe à mãe.

As mães com bom-senso permitem que os pais participem da vida da criança, mas essa não costuma ser a regra. Em geral as mães se aproveitam de brechas na lei. Por exemplo, depois da separação, de acordo com a lei, a mãe não pode se mudar com o filho para outro país sem a autorização do pai. Porém, em um país de dimensões continentais como o nosso, ela pode morar no extremo sul ou no extremo norte, dificultando ao máximo o contato entre pai e filho.

Se o detentor da guarda tiver motivo razoável para mudar de país, como a proposta de um bom emprego, pode pedir permissão ao juiz e receber autorização para fazer a mudança com a criança mesmo que o pai não permita. Essa é mais uma falha na legislação, que não delimita a distância máxima até onde o detentor da guarda pode ir depois da separação.

Vejamos outra demonstração de posicionamento tendencioso da Justiça: em um caso que acompanhei, ficou determinado no documento oficial da separação que o filho passaria a dormir na casa do pai a partir dos 4 anos. Como a mãe não permitiu, o pai entrou com novo processo e teve a autorização concedida, depois de muitos meses de espera. Em seguida, a mãe recorreu e a autorização foi cancelada imediatamente. O pai entrou com um novo recurso. Quem mais perde com isso? A criança.

Leis para proteger a criança

O pai que não paga pensão vai preso. Essa lei existe para proteger a criança. Apesar disso, é necessário pensar a respeito dessa punição. Há muitos questionamentos. O pai poderia pagar? Por que não pagou? E, se não podia mais cumprir o combinado no documento da separação, por que não entrou com pedido de redução de pensão? Perdeu o emprego? Tem de continuar a pagar. Mas como, se não tem rendimento? O filho do segundo casamento que ele tem em casa pode ficar sem a ajuda do pai? A mãe, quando perde o emprego, é obrigada a pagar? Por que a mãe, mesmo detentora da guarda, não assina um documento com sua parte de responsabilidade financeira?

A verdade é que o homem acaba assumindo maior número de compromissos e contribuindo ainda mais para que o filho não sofra com as necessidades.

Uma recente lei permite a mulheres grávidas receber pensão alimentícia do pai da criança que ainda vai nascer, mesmo que ainda não haja provas da paternidade. É preciso ter cuidado, pois existem mulheres mentindo sobre a paternidade de seus filhos. Toda mãe sabe bem que os gastos de uma gravidez começam quando se compra o teste de gravidez na farmácia ou se paga pelo exame de sangue. Depois disso, é necessário pensar no enxoval, na mobília para o quarto e no plano de saúde. É importante que a mulher grávida tome ácido fólico e as vitaminas indicadas, além de precisar se alimentar bem ao longo da gestação. Tudo isso representa custos.

São altos os gastos para que mãe e bebê passem bem durante os nove meses e tenham saúde depois do parto. Parece injusto a mulher ter de arcar com essas despesas sozinha. Porém, a lei garante que o suposto pai seja preso caso não arque com tais custos, mas não prevê punição para a mulher que mente sobre a paternidade. Em geral o homem que passa por isso não entra com processo porque fica satisfeito por descobrir que não é o pai da criança e está livre dessa responsabilidade. Se o homem fizesse valer seu direito ao processar a mulher e houvesse punição de verdade, diminuiriam os casos de falsa acusação de paternidade.

É preciso equilibrar os direitos entre maternidade e paternidade. Por que não afastam a criança da mãe também quando se comprova que a acusação de abuso sexual foi forjada? Além de proteger a mãe e a criança, devemos proteger o pai.

Pai cuidador *versus* pai provedor

Embora o passado tenha sido marcado por pais que se consideravam basicamente provedores financeiros, esse perfil vem mudando. Hoje, na sociedade moderna, é cada vez maior o número de pais que dão importância à função afetiva. Antes, a mulher se casava sabendo que seria responsável por cuidar da casa e da educação dos filhos, enquanto o homem sairia para trabalhar. Se as coisas não iam bem com as crianças, a culpa era da mãe. Se o dinheiro não dava para as despesas, a responsabilidade era do pai. Porém, ao longo dos anos, esses papéis foram se equilibrando.

Com a chegada da lei do divórcio, as pessoas não ficam mais casadas a qualquer custo, o que trouxe uma série de complicações, principalmente para as crianças. Até então, elas não se frustravam por não ter mais os pais juntos na mesma casa, mesmo que o clima familiar fosse ruim, com brigas constantes. Hoje, além de dar conta da própria dor, os pais têm de cuidar da tristeza dos filhos. A separação dos pais pode ser a primeira frustração na vida de uma criança.

Portanto, os pais devem ficar atentos às mudanças de comportamento e a outras sequelas depois da separação. Mesmo nos casos mais organizados e até em divórcios consensuais, a criança pode ter baixo rendimento escolar. Falar mal do pai para a criança é uma atitude que só causa confusão mental e não contribui em nada, pois, mesmo magoado, o detentor da guarda não pode evitar o contato com o progenitor.

O que contar à criança?

A melhor postura é contar a verdade à criança. Basta buscar a melhor linguagem, respeitando a idade e a maturidade para que o filho possa entender a situação. Diga com todas as letras que vocês vão se separar porque não estão mais felizes juntos e, por isso, se desentendem e discutem muito. A criança se sentirá respeitada ao saber que o objetivo é evitar constrangimentos maiores e acabará aceitando que a melhor saída é a separação. Como em geral é o pai que sai de casa, ele não pode simplesmente deixar o lar sem conversar sobre o que está acontecendo.

É comum os pais darem aos filhos esperança de que vão reatar o casamento, e isso é cruel. O objetivo dos pais nesses casos é o de proteger, mas agindo assim eles apenas protelam a etapa de luto pós-separação. Essa falsa esperança aparece quando, apesar de separados, os pais almoçam juntos e fazem vários passeios com a criança. Assim, o ideal é que ela aprenda a viver dentro de sua nova realidade.

De tempos em tempos, é indicado que se volte a falar no assunto. Os anos passam, a criança cresce e amadurece e mais algum detalhe sobre o ex-casal pode ser esclarecido. É importante sempre frisar que passa a existir o ex-casal, mas jamais haverá o ex-filho. Portanto, o pai e a mãe sempre estarão presentes, desde que isso seja verdade e aconteça de fato.

Nas situações em que o pai não explicou o fim do casamento à criança, não contou a sua versão, nunca é tarde para fazê-lo. Principalmente se ele estiver namorando ou casando com uma nova mulher. É importante deixar claro a criança que, mesmo que estivesse sozinho, não estaria com a mãe. É comum a criança achar que o pai não está com a mãe por causa da madrasta, mesmo que a separação tenha ocorrido muitos anos antes de conhecê-la. Para efeito de conforto psicológico, a criança precisa ser considerada personagem, ciente dos motivos e das mudanças provocadas.

Como já foi dito, a mãe se aproveita da proximidade com o filho para contar a sua versão da história, colocando o pai como vilão. Por isso é tão importante que o pai também exponha seus sentimentos. A dor causada por uma separação pode ser superada pela criança na vida adulta, mas sempre haverá uma história triste para lembrar. Porém, se o pai se redimir de seus erros, há grande chance de restabelecer a relação com o filho e de dar continuidade a ela a partir daquele ponto.

O pai também sofre

O homem pode sofrer de verdade, sem fingimento nem drama. Mesmo não sendo comum a demonstração de fragilidade, o sentimento existe. Se como marido ele se mostra irredutível ao apontar as falhas do casamento, como pai está triste por ter de encarar a vida sozinho, esperando pelo fim de semana para ver o filho. Esse pai chora, fica deprimido, precisa desabafar, dizer quanto está arrasado. Ele pode levar meses, até anos, para se acostumar com a ausência da criança.

Cada um precisa de um tempo para vencer uma perda, uma frustração. Quem estiver por perto pode ajudar o pai orientando-o a fazer terapia, a consultar um médico. Talvez surjam doenças de fundo emocional, como enxaqueca e gastrite. As amizades contam muito nessa hora. Ninguém pode perder a paciência e dizer que, "se era pra ficar assim, que não se separasse".

Amigos e parentes precisam apoiar esse pai para tornar a relação com a ex-mulher o mais tranquila possível, melhorando um convívio que vai durar o resto da vida. É importante colaborar para que o pai passe pelo estágio de afastamento, que chore pela falta mas em seguida fique bem e forte para manter uma boa relação com o filho.

Uma rede de apoio é fundamental para dizer ao pai como ele é importante para o filho, mesmo que eles não se vejam sempre. Dessa maneira, o pai se sentirá cada vez mais confiante de que não precisa conquistar o filho ou dar presentes para compensar algo que não se compensa, pois o que o filho quer é ter os pais juntos. Não sendo possível essa condição, fica a tarefa de dar qualidade aos momentos em que estiverem juntos.

Se o pai não está bem resolvido, sente dificuldade de atravessar essa fase, sendo incapaz de transmitir segurança ao filho. Então, aqueles que convivem com esse homem precisam mostrar a ele o lado bom de sua vida, os benefícios de ter tomado uma atitude drástica, porém necessária.

Amante

Na visão do filho, não existe nada mais inadequado em um relacionamento do que o pai ou a mãe ter um amante. Para a sociedade, esse comportamento é desrespeitoso, uma grave falta de consideração e falha de conduta. Mesmo que a mulher seja displicente com a relação, esteja indisposta para a vida sexual ou quaisquer outros motivos, a postura não se justifica. O homem percebe que está infeliz, protela a decisão de propor a separação e acaba tendo um novo relacionamento para então sair de casa. Quando o filho fica sabendo da traição, de que o pai cometeu essa falha de comportamento, a decepção é inevitável. A criança questiona o amor do pai pela mãe e por ela própria.

O homem pode adiar por anos a decisão de se separar por causa do filho. Ele teme enfrentar o grande sofrimento de sair de casa e de se sentir "abandonando" a criança. Alguns pais, mais determinados e já desgastados emocionalmente, resolvem sair, mas a suspeita de que existe outra mulher é inevitável, mesmo que não seja esse o motivo. Nesse momento, a interrogação está também na mente da criança e, mais uma vez, o diálogo é imperativo.

Por mais que a iniciativa de sair de casa deixe a esposa e a criança arrasadas, o homem não deve se recriminar pelo resto da vida. A existência de um filho não justifica manter o casamento, mas pode ser um dos motivos pelo qual seja importante lutar para mantê-lo. A busca de uma terapia de casal ou de um mediador em situações de crise pode evitar a separação, pois a ajuda de especialistas é capaz de reverter casos, especialmente no início do conflito. Se mesmo fazendo de tudo ainda assim não tiver volta, a decisão mais acertada é a separação.

O que Deus uniu o homem não separa?

Há casais que já se unem concluindo que não há problema em se separar caso não dê certo. Não é exatamente assim. Por mais que a separação aconteça sem maiores percalços, sempre há dor, mágoa, desilusão e tristeza para ambos. É difícil reconhecer que foi uma tentativa frustrada, um fracasso. E tudo se agrava quando o ex-casal tem filhos.

A separação será sempre uma grande dor para a criança, mesmo que cada uma compreenda esse processo de maneira diferente. Algumas têm até a maturidade de preferir a separação a viver em um lar com brigas, mas isso não é regra. Portanto, casar-se acreditando que não há transtornos ao se separar é uma atitude no mínimo egoísta e irresponsável, principalmente quando se pretende ter filhos.

Onde você vai morar?

Uma decisão importante para o pai depois da separação é formar um novo lar, onde poderá receber a criança e acomodá-la para que se sinta confortável. As regras da casa do pai não precisam ser as mesmas da casa da mãe, desde que elas existam, pois continuam sendo essenciais para o convívio. Compensar a distância concedendo liberdade total não será benéfico para a relação.

O filho espera que o pai o proteja. Quer que ele ensine o que pode e o que não pode fazer, que mostre onde estão os perigos da vida. Por mais que ele se irrite com um não, vê despertar o sentimento de segurança e se torna um adulto mais seguro. O pai que se deixa comover pela separação e cede a todos os caprichos não entenderá nunca por que a criança é tão insatisfeita se ele faz tudo que ela pede. O motivo de tanta insatisfação é a falta da verdadeira figura paterna. Aquela que diz "não" quando precisa. Por isso, é fundamental exercer a paternidade mesmo depois da separação.

Uma situação corriqueira é discordar da maneira como a mãe educa, das prioridades que ela determina. Nesse caso, o correto é conversar com a ex-esposa e explicar o que o incomoda. Porém, se a opinião não for acatada, o pai precisa lembrar que *essa é a mãe que a criança tem* e reconhecer que não há nada que se possa fazer sobre isso, pois ele não participa mais do dia a dia da criança. Assim, terá de aproveitar os momentos de convivência para dar sua contribuição no comportamento do filho.

Em um exemplo clássico, o pai pode considerar inadequado que o filho durma junto com a mãe, manifestando-se contrário à decisão. Contudo, ele não poderá interferir na dinâmica da casa da mãe nem esperar que alguma instância de poder a obrigue a acatar tal pedido. Nesse sentido, a menos que se verifiquem sinais de maus-tratos ou de comprometimento cognitivo, não vale a pena se indispor.

Quando o homem volta a morar na casa dos pais, pode contar com a ajuda dos avós em seus dias de convivência com o filho. Apesar disso, é importante conversar com eles para estabelecer os espaços, o que pode e não pode ser cobrado de uma criança nessa condição. É preciso reconhecer que todos estão abalados com a separação, ninguém sabe exatamente como agir, mas que jamais serão permitidas falta de educação ou desobediência. Com o tempo, todos administrarão os problemas que aparecerem. Cabe esclarecer que os avós não podem questionar a autoridade do pai. Se acharem que algo não vai bem, devem conversar com ele depois, a sós.

Não é porque se separou que o ex-casal precisa se tornar inimigo, mas é fundamental que os vínculos sejam cortados aos poucos. Nas separações de comum acordo, é prudente que o homem não alimente a possibilidade de reatar a relação. É comum que ele faça concessões e favores por medo de perder os privilégios de ter mais tempo com o filho, mas é a criança que acaba outra vez dividida diante da situação.

Filhos que moram com a mãe/sogra?

Por mais que os avós sejam excelentes cuidadores, os responsáveis por um filho são pai e mãe, e o ideal é organizar a nova vida da melhor forma para todos. A ajuda dos avós é bem-vinda, mas deve ser temporária.

Compartilhando problemas

Toda oportunidade de educar é bem-vinda, como nos casos em que a criança conta algum episódio complicado que ocorreu na casa do outro. Não é aconselhável acreditar de imediato na criança. O correto é deixar claro que vai conversar com o ex-cônjuge para verificar o que aconteceu. Mãe ou pai nunca deve se unir à criança contra o outro.

E pai é ex e mãe é ex

Mesmo que nunca tenham se casado ou tenham tido um caso de alguns dias, meses ou anos, ex-caso, ex-ficante ou ex-uma noite só é sempre ex – e os procedimentos para a separação são semelhantes para salvaguardar o direito do filho. No caso de união não oficializada, é comum que os ex-cônjuges evitem o processo judicial e as complicações, optando por fazer acordos verbais. Uma vez aceita a proposta, não está garantido que a mulher não entre com um processo se o pai deixar de pagar a pensão ou que o homem acione a mãe na Justiça quando ela se mudar com a criança para evitar o convívio desta com a madrasta, por exemplo. Para evitar qualquer tipo de problema no futuro, insisto: o documento deve ser assinado assim que a separação acontecer.

O papel do pai depois da separação

Numa família regular, o pai chega do trabalho e encontra a criança limpa, alimentada, brincando ou fazendo a lição de casa. A criança de antigamente não podia incomodar o pai que retornava cansado, mas na realidade de hoje o filho é incentivado a correr para abraçá-lo. Após a separação, o pai perde o convívio diário com a criança e o prazer desse momento.

Esse homem passa a ter de assumir os cuidados, mesmo que tenha a ajuda de sua mãe, de uma nova companheira ou de uma babá. Há pais que se tornam muito mais presentes depois da separação. Por obrigação, afinal precisam cumprir o combinado. Vários até descobrem quanto estavam perdendo antes, por delegar tudo à mãe, e apreciam muito a oportunidade, formando um novo vínculo com os filhos.

A mulher, mesmo sobrecarregada com muitas tarefas, sempre cumpriu com a obrigação de cuidar da casa e dos filhos. Até pouco tempo, assumia essas funções como de sua exclusiva responsabilidade e era incapaz de incomodar o marido com problemas domésticos – além de não querer demonstrar que não dava conta da situação. Após a separação, a mulher se vê sozinha definitivamente nessa empreitada. Mesmo com uma postura mais participativa do homem, a carga maior fica para o detentor da guarda. Nesse caso, fica ainda mais complicado a mãe exigir ajuda para resolver seus problemas domésticos diários, já que o pai não convive com eles.

Na rotina de casas separadas, a mãe leva ao conhecimento do pai as dificuldades surgidas e os problemas do dia a dia, esperando a contribuição do pai para solucioná-los. Dado o distanciamento, muitas vezes passado algum tempo do fato ocorrido, o que o pai pode fazer é agir para conscientizar o filho sobre o que não deveria fazer, sobre as consequências da atitude que tanto preocupa a mãe. Mas geralmente o pai resolve apenas as situações ocorridas enquanto a criança está no período de convivência com ele. Dependendo da relação do ex-casal, o que também acontece muito é o pai partir para o ataque, atribuindo à mãe a responsabilidade pelo insucesso na educação e aproveitando a oportunidade para dizer o que pensa. Às vezes o pai não se manifesta, porém entende que seja assim.

A participação do pai na vida da criança dependerá da boa vontade dele e da mãe. Se ele quiser participar de fato, a mãe não o impedirá. Manterá residência perto e atividades como levar e/ou buscar na escola, comparecer a reuniões pedagógicas, eventos escolares e consultas médicas – tudo isso pode ser compartilhado, desde que o ex-casal demonstre interesse e disponibilidade. Sugerir um dia da semana para ficar com a criança ou uma noite para um passeio é outra forma de mostrar que quer estar com o filho. Essa criança será privilegiada; afinal, mesmo separado de sua mãe e morando em outra casa, o pai convive bastante com ela. Em alguns casos, até mais do que antes da separação.

Tipos de pai

Há basicamente três tipos de pai. O primeiro é do tipo provedor, sai cedo de casa e volta tarde da noite. Até se interessa mais pela vida dos filhos, mas faz questão de ter uma babá contratada e uma reserva para os dias de folga.

O segundo tipo, além de prover financeiramente, aceita a dupla jornada. Ao chegar em casa, dá banho no filho, conversa, ajuda com a lição de casa e programa o lazer para os fins de semana.

O terceiro tipo não é provedor financeiro. Fica em casa cuidando da criança, leva-a à escola e depois cuida da casa enquanto a esposa sai para trabalhar. Equivocadamente, esse tipo de homem não é bem-visto pela sociedade, pois aceita a inversão de papéis e acredita que é também uma opção possível e saudável para o casamento e a família.

Independentemente de como seja o pai no dia a dia com a esposa e o filho, a separação pode ocorrer. Porém, em especial no caso do pai presente, é injusto que ele perca repentinamente a convivência com a criança. Se nos dias de hoje existe o pai que assume todas as tarefas com sucesso, não é mais aceitável que a mãe tenha a guarda de maneira inquestionável.

Não é raro encontrar mães que gostariam que a guarda fosse do pai, mas se preocupam com o juízo que farão dela, já que, aos olhos da sociedade, é inconcebível que a mãe se afaste do filho. Essas mulheres vivem um dilema que se reflete na forma como acabam cuidando do filho – sem a devida dedicação –, mas elas não cedem para não ser julgadas.

Historicamente, em qualquer sociedade, também o pai entende que a guarda deva ser da mãe, salvo os casos em que ela é física ou emocionalmente incapaz e o pai reconhece não poder deixar a criança aos seus cuidados. Do contrário, o pai não pensa em tirar um filho dos cuidados da mãe.

Não seja um "paipel"

Esse termo foi usado por uma mãe no Fórum das Madrastas. Descreve o pai que nunca participa e aparece quando a mãe precisa de sua autorização para viajar com a criança, por exemplo, ou em qualquer outra situação em que ele apenas conste no papel. Participar efetivamente da vida do filho é imprescindível, mesmo que a mãe atrapalhe ou a atual esposa reclame do envolvimento.

E tem o pai que aproveita quando a mãe precisa de uma autorização como essa e condiciona a liberação a ver o filho, como se precisasse disso para exercer a paternidade. Existe o caminho legal para isso e o pai deve fazer uso dele.

A mulher que perceber a perturbação do pai diante do afastamento do filho não deve declarar-se suficientemente boa e capaz de cuidar do filho sozinha, anulando o ex-marido. Dependendo da formação psicológica do homem, a resistência da mãe pode provocar uma reação violenta e pôr em risco a vida de todos. O ideal é procurar especialistas das áreas médica e jurídica que possam acompanhá-los nessa fase difícil.

Exerça seu direito

Crianças não têm maturidade para fazer escolhas como com qual dos pais quer viver – nem é saudável provocar a dúvida. No caso de David Goldman, Sean, aos 4 anos, também não pôde escolher ficar com o pai, e a família materna dizia que o menino não queria sair do Brasil. Mas a dúvida permanece, assim como quando ele foi trazido dos Estados Unidos pela mãe (veja o quadro a seguir). Devem prevalecer a lei e o bom-senso. Na ausência da mãe, a criança deve ser criada pelo pai.

O CASO **Sean Goldman**

Conhecido mundialmente, o caso de Sean Goldman ocupou as primeiras páginas dos jornais brasileiros e americanos por semanas a fio. Nascido em maio de 2000 em Nova Jersey de pai americano e mãe brasileira, Sean foi trazido para o Brasil em 2004 supostamente para passar férias. Ao chegar aqui, a mãe comunicou ao marido, David, que queria o divórcio e ficaria com a guarda da criança. David abriu um processo contra ela na Suprema Corte de Nova Jersey. Enquanto isso, no Rio de Janeiro, a mãe conseguiu a guarda definitiva do menino e o divórcio unilateral do pai, ambos concedidos por um juiz brasileiro. Após o divórcio, a mãe se casou novamente e em 22 de agosto de 2008, ao dar à luz uma filha com o novo marido, morreu em decorrência de complicações do parto. Temendo que o pai conseguisse a guarda de Sean, o padrasto, alegando "paternidade socioafetiva", pediu à Justiça a guarda do menino, obtendo-a imediatamente. A partir daí, criou-se um impasse diplomático sem precedentes, até que o Supremo Tribunal Federal decidiu que Sean deveria ser entregue ao pai. Em dezembro de 2009 ele voltou para os Estados Unidos, onde vive desde então com David. Observa-se que, nesse caso, o Brasil violou diversas leis, entre elas a Convenção de Haia. Fica a dúvida: se a mãe de Sean não tivesse morrido, teria David obtido a guarda do filho?

Educar é fundamental

Moral, valores e ética são ensinamentos de pais para filhos. Para exemplificar, um filho que dirige embriagado, atropela e mata uma pessoa deve ser protegido e não assumir o erro? É correto contratar um advogado renomado para eximir sua responsabilidade ou o certo é fazê-lo assumir as consequências? Quem mostra onde está o limite entre amar e compactuar com um crime são os pais, nas conversas diárias, na análise dos noticiários, nos pequenos exemplos vivenciados. Admitir atitudes erradas não pode ser confundido com cuidado ou amor. Os filhos esperam que os pais imponham limites. Eles também não aceitam ter progenitores volúveis, permissivos, pois são sua referência para toda e qualquer postura diante das adversidades.

Não importa se o filho foi fruto do convívio de apenas um dia ou de longos anos, planejado ou por conta do acaso: a criança merece ser assumida com todas as responsabilidades. Apesar de ver o filho apenas em finais de semanas alternados, ainda assim o pai tem a obrigação de educar, mostrar as regras, os limites e a rotina enquanto estiver no período da convivência.

Filhos em fase de crescimento demandam dedicação e cuidados diários. Educar faz parte dessa demanda. Claro que o pai pode relevar certas coisas, até fingir que não viu para não ter de brigar mais uma vez, mas deve selecionar alguns itens que não deixará passar, pois são prioridade na educação de um filho. A mãe não deve ser a única responsável pela educação só porque tem a guarda.

Poupar a criança, evitando mostrar as falhas e não apontando o que é certo e errado, é deixar de ensinar o juízo de valor, como o que a mãe pratica quando destrói a imagem do pai. São recorrentes os casos mostrados na televisão de mães que entregam à polícia o filho usuário de drogas e praticante de pequenos furtos na vizinhança, pois não aceitam presenciar a degradação do jovem e sofrem por saber que ele vende qualquer coisa de valor para manter o vício. Essa é uma situação extrema, mas serve para ilustrar que não podemos compactuar com o que é ilegal, mesmo que o infrator seja nosso próprio filho, tão amado.

É natural envergonhar-se do filho que causa mal a alguém. Indignar-se, ficar arrasado e ser incapaz de apoiá-lo numa atitude ilegal. O mais elementar é que o filho cresça ouvindo em casa que nunca deve pegar o que não é dele, que não deve mentir para não perder a credibilidade. É em casa que a criança aprenderá que furar o farol vermelho é errado porque pode causar acidentes e machucar as pessoas, e não somente por causa da multa de trânsito. Ele também deve saber que todo mundo comete enganos. Os pais não são perfeitos. Eles erraram e ainda erram.

Faz parte da função de educar dizer ao filho que você também tem alguns medos. O certo é ensinar a temer o que é real, situações de risco, pois o medo também protege. Tomar medidas para evitar situações de perigo é uma atitude de prevenção natural do ser humano.

Faça o que eu digo, não faça o que eu faço. Esse é o modelo atual de educação. Porém, o exemplo vale mais do que as palavras. A única forma de ensinar a não mentir é não incentivar nem mesmo mentiras inocentes. É no dia a dia, nas pequenas atitudes, que os exemplos são dados. Aquela moedinha de dez centavos encontrada no chão da livraria deve ser levada ao caixa. Caso ele diga que a criança pode ficar com a moeda, ensine-a a fazer uma doação.

Criamos um filho para ser honesto na vida adulta, não para querer levar vantagem sobre as outras pessoas ou não assumir uma conduta errada.

Organize-se financeiramente

Fazer uma planilha de custos e apontar tudo no orçamento é a melhor forma de estabelecer o valor justo a ser pago de pensão. Se a ex-esposa trabalha, é correto dividir proporcionalmente os gastos entre os dois. Esse também é um modelo de atitude justa, principalmente se você explicar ao seu filho que as economias são para a nova moradia e outras garantias de conforto no futuro. A criança precisa compreender que as conquistas materiais acontecem com o tempo e são resultado do trabalho.

Investir na qualificação pessoal e profissional vai beneficiar também a criança. Não é preciso comprometer suas economias pensando unicamente em fazer reservas para o filho. É bom poder deixar uma boa herança, mas essencial orientá-lo para que alcance sucesso financeiro e conheça a satisfação de receber o próprio salário. A medida da contribuição não está somente no valor da pensão, mas na dedicação para ampliar as possibilidades de ganho para a formação de uma reserva.

Um homem não é melhor pai se assumir todos os gastos do filho depois da separação. Assim como a mãe não se torna uma coitada que não tem dinheiro. Não é esse o modelo de pais de que o filho precisa. Assim como a mãe necessita de independência econômica, o pai não pode ser associado somente ao provedor financeiro.

Refazer a vida, casar de novo, ter mais filhos são todas decisões que vão demandar mais dedicação financeira e emocional, especialmente se a nova companheira já tiver filhos. O pedido de revisão é válido caso se perceba que o valor estipulado é superior ao gasto com a criança, pois foi decidido num momento atribulado.

Longas conversas e toda oportunidade em que se possa contar a outra versão dos fatos são fundamentais para desfazer a imagem ruim construída pela mãe. Faz toda diferença não ficar calado ante um comentário da criança sobre algo dito sobre o pai só para evitar aborrecê-la. A criança já está sendo aborrecida pela mãe e quem cala consente. Um comentário é a deixa para explicar, sem falar mal da mãe, o que você pensa sobre o assunto.

Dessa maneira, a criança terá condições de avaliar o que aconteceu e as razões de cada um. O objetivo não é aprovar um ou outro, mas apenas saber o que aconteceu ouvindo cada um de seus pais. Abrir espaço para o filho falar pode contribuir para resolver o conflito interno da separação.

Madrastas e padrastos nas famílias

Antigamente, a madrasta e o padrasto só entravam na família em caso de falecimento da mãe ou do pai, com o claro objetivo de substituir o genitor faltante em todos os aspectos. Mas o divórcio se tornou uma alternativa da vida moderna. Madrastas e padrastos passaram a fazer parte das estruturas familiares com mais naturalidade.

Porém, até hoje, apresentar a namorada à criança é uma das resoluções mais delicadas, pois ela pode ser considerada uma intrusa entre pai e filho. Essa é também uma das decisões mais criticadas por mães que querem eliminar o pai da vida do filho. Todo cuidado é pouco para inibir a mãe manipuladora, pois ela pode passar também a denegrir a imagem da mulher, estendendo a ela a acusação de incapacidade de cuidar da criança.

Por isso é tão importante avaliar se o novo relacionamento é mesmo estável antes de apresentar a namorada ao filho. Não é nada animador que o pai apresente uma nova namorada de tempos em tempos. A instabilidade e a insegurança de aceitar e criar afinidade por outra mulher representam um agravante na confusão já causada pela separação dos pais. Conversas abertas sempre são a melhor maneira de expor os fatos e vão ajudar o filho a discernir uma provável investida da mãe alienadora.

As conversas permitem externar os sentimentos e a verdade servirá de apoio para solidificar a relação entre pai e filho. Comunicar que tem uma namorada e explicar que não pretende que a madrasta ocupe o lugar da mãe é essencial. Você precisa dizer, com todas as letras, que não deseja substituir a mãe e reconhece que é impossível excluí-la da criança. O diálogo é a oportunidade de dizer que a mãe também reconstruirá a vida afetiva e provavelmente encontrará um companheiro que ela julgue ser um bom padrasto. Assim também se ensina o senso de justiça e igualdade de direitos, algo que o filho vai levar em conta ao analisar a conduta do pai.

A madrasta entra em cena

Ainda são poucos os casos de pais solteiros que solicitam a guarda da criança. Muitos até desejam fazê-lo, mas a iniciativa ganha força quando se casam novamente ou vão morar com a nova namorada. Apesar de reconhecer que necessita de ajuda, de contar com a estabilidade para trazer a criança, é comum o pai decidir sozinho trazer o filho e apenas comunicar à nova companheira. É importante que toda madrasta conte com essa possibilidade, pois vai inevitavelmente participar do processo de mudança.

O pai mais precavido deve deixar claro à namorada que deseja ter o filho ao seu lado. Assim, a madrasta ficará ciente da possibilidade e não será surpreendida. Uma vez formalizada a intenção de ter a guarda do filho e obtida a ajuda da madrasta, torna-se relevante discutir e decidir juntos como será a nova rotina da casa.

Considerando que todos estarão em adaptação, contratar uma empregada pode ajudar bastante e vai permitir que todos reservem tempo para se entrosar. Isso ajudará a madrasta a assimilar a novidade de receber a criança.

Então, se a criança vai morar com você, a mãe passará a pagar a pensão. Não parece óbvio? Mas raramente acontece. O pai que tanto lutou para trazer a criança para morar com ele e finalmente teve a liberação não vai querer colocar empecilhos para realizar seu sonho.

Embora seja trabalhoso, o pai pode conseguir reverter o processo e obter a guarda exclusiva. Outra opção é a guarda compartilhada em que conste que a criança residirá com o pai. Às vezes a mãe deixa a criança morar com o pai desde que ela continue a ter a guarda, mas trata-se de uma conduta inadequada. Caso a mãe mude de ideia depois, basta entrar com o pedido de busca e apreensão e o pai terá de levar a criança de volta para ela até que termine a desgastante disputa pela guarda do menor.

4
Como evitar a alienação parental

Depois de uma separação dolorosa e conturbada, podem surgir situações difíceis de encarar simplesmente porque o pai não tem experiência. Para ajudá-lo a não demonstrar despreparo, o que abriria espaço para a ação alienadora, familiares e a nova namorada/esposa podem colaborar para encontrar uma atitude que seja responsável, decisiva e faça a diferença. A opinião dessas pessoas é oportuna. Contar com ela é uma forma de mostrar o que pensa e interferir eficientemente, pois um pai que não tem autoridade nem emite opinião própria também não é um bom exemplo.

Experiências contadas no Fórum das Madrastas e no consultório exemplificam as mais diversas situações. Qualquer semelhança não é mera coincidência e vale conhecê-las para evitar a alienação.

"Na Páscoa, eu e meu marido fomos buscar minha enteada para levá-la ao cinema. Quando chegamos lá, a ex-esposa disse que a pastora da igreja tinha dito que a menina não poderia sair de casa. Meu marido disse que tudo bem, que não iria contra a religião da filha, e fomos embora!"

Para a ex-mulher, essa atitude representa impotência; para a criança, fica a impressão de que o pai não queria realmente sair para passear. É inadmissível que a religião seja mais importante que o combinado por lei e determine como deve ser a convivência.

As regras

O bom-senso se encarrega de estabelecer as regras básicas, como horário para dormir, estudar, alimentação, contribuição com as tarefas da casa, todos os "mandamentos" para manter a ordem. Mesmo que o período de estadia seja menor no endereço do pai, sempre haverá normas. Algumas serão comuns a ambas as casas; outras, não necessariamente. As combinações fazem parte do aprendizado e também preparam para a vida adulta.

"Quando o meu enteado está em casa, não faz absolutamente nada. Nem a cama arruma. Chego cansada do trabalho e tenho de organizar tudo, fazer o jantar e ainda arrumar toda a bagunça que o garoto faz. Parece que ele faz de propósito pra me deixar nervosa. Quando vai tomar banho, joga a roupa suja dentro da pia do banheiro, em vez de colocar no cesto. O pior é que, quando reclamo para o meu marido, eu ainda sou a errada e tenho de ouvir que é só uma fase ruim pela qual o menino está passando, que preciso ter mais paciência."

A criança dança conforme a música. Se o pai trata o desleixo como "coisa de criança", dizendo que é só uma fase, ela não aprende. Pode até ser que com o tempo o filho passe a fazer coisas erradas porque sabe que aquilo irrita, com o objetivo de chamar a atenção. Mas para criar bons hábitos, e pelo bem do relacionamento, é preciso encontrar meios de mostrar que a ordem de um adulto não deve ser questionada.

Na casa em que os adultos trabalham fora e recebem o filho nos finais de semana passa a ser considerável ter uma empregada ou diarista. Essa é uma forma de que sobre tempo para o lazer e diminuam as discussões na divisão de tarefas.

Fim de semana

Não é necessário fazer relatórios sobre o que aconteceu no final de semana, e contar detalhes pode alimentar o espírito manipulador da mãe. Mesmo que seja uma programação de filmes na TV e pipoca, o que realmente interessa é que o filho reconheça o valor desse tempo juntos e da qualidade das experiências compartilhadas.

Exigências

Uma vez que a pensão e as despesas estejam pagas, não há por que aceitar frequentes pedidos de dinheiro para despesas extras. Ceder ao pagamento de contas fora do orçamento pode inclusive reforçar um pedido de revisão da pensão. Por isso é importante prever uma margem com gastos inesperados, como remédios ou troca de óculos quebrados, por exemplo.

Seu filho será visita em sua casa ou a casa é dele também?

É fundamental que a criança se sinta bem na casa do pai, que seja bem recebida como membro da família e não como visita. Muitas madrastas a consideram assim, o que é mais um motivo para conversa. As compras da casa devem incluir itens para o filho e as demais providências devem levar em conta a presença dele, mesmo que inconstante.

"Para mim, meu enteado é visita. A casa dele é onde mora com a mãe. Se na maioria das vezes a madrasta não é vista como alguém da família, nem como dona da casa, por que temos de considerar que o enteado seja 'de casa'?"

O filho é uma pessoa da família, independentemente de morar com o pai. A madrasta não é obrigada a sentir o enteado parte da família dela, mas deve recebê-lo bem e fazê-lo se sentir em casa. Os motivos que possam incomodar a madrasta, como mau comportamento ou falta de colaboração, têm de ser resolvidos junto com o pai. Permitir desmandos é alimentar conflitos. Portanto, mesmo se sentindo em casa, as regras devem ser lembradas.

Roupa na casa do pai

"– Mãe, meu pai disse para você colocar seis camisetas e seis *shorts* na mala do final de semana.

– Por quê?

– Ele continua reclamando das roupas que você coloca na mala.

– Já falou para ele comprar roupas e deixá-las guardadas na casa dele?

– Já. Ele disse que paga para você comprar roupas boas e mandar para ele."

Este é um problema corriqueiro na vida do pai: a madrasta reclamar que a roupa enviada para o final de semana não é adequada, seja porque não é de seu gosto, seja porque vão fazer um passeio especial. A mãe não pode adivinhar o passeio que o pai fará. Se manda roupas feias e velhas, de propósito ou não, é um assunto contornável. O ideal é que o pai mantenha algumas mudas de roupa da criança em casa para complementar o que vier na mochila. Manter uma gaveta com peças como pijama, roupa de banho, toalha de praia, meias, cuecas/calcinhas, roupas para passear, casacos, chinelos, tênis ou sandália básicos serve para as eventualidades e evita aborrecimentos.

Pai e mãe são únicos

Por mais que a madrasta ou o padrasto sintam-se lisonjeados pelo fato de a criança gostar deles a ponto de chamá-los de mãe/pai, por questão de proteção, eles devem ficar atentos e lembrar que, por mais que amem a criança ou sejam responsáveis por cuidados, essa criança já tem um pai e uma mãe. Mesmo que estejam ausentes ou sejam falecidos. Além disso, é comum a criança aceitar essa substituição na infância, mas ao crescer, especialmente na adolescência, por conta do avanço na formação da personalidade, desvalidar totalmente a participação intensa desse padrasto ou madrasta – o que é decepcionante depois de anos de dedicação.

Você e a escola do seu filho

Por conveniência, a escola escolhida sempre fica próxima da casa ou do trabalho da mãe. É válido avisar na escola que está interessado em receber todas as informações do filho, mesmo que por e-mail, e pedir que seja enviada uma cópia do relatório/boletim da criança. Participar dos eventos e apresentações escolares fará muita diferença. Outra forma de demonstrar interesse é verificar os cadernos e mostrar que se importa com o bom desempenho escolar dele.

A escola de um filho é essencialmente território de pai e mãe. Madrastas e padrastos só participam se todos tiverem um relacionamento amigável.

Festa de aniversário

Alguns ambientes requerem mais cuidado, dependendo do relacionamento entre madrasta/padrasto e familiares, sendo a festa de aniversário da criança o espaço mais típico. Para evitar constrangimentos, é prudente avaliar se há risco de comprometer o evento com situações embaraçosas que certamente vão desapontar o filho. Se não houver garantia de que tudo sairá bem, o melhor é fazer duas comemorações separadas.

Quando a criança cresce e não quer mais a participação da madrasta

Filhos crescem e, por vezes, questionam a autoridade dos pais. Com madrasta/padrasto, isso é ainda mais provável. Cada criança se expressa de uma forma, mas normalmente a rebeldia se manifesta na adolescência. É preciso que haja equilíbrio e bom-senso dos adultos para contornar os conflitos e respeitar essa fase.

Meu enteado tinha 14 anos quando deixou isso claro de maneira muito educada:

– Rô, pode deixar que eu guardo as minhas roupas.

Para mim, guardar as roupas dele era um modo de mostrar que eu "cuidava" dele. Realmente o menino não precisava mais disso, mas deixar de ajudá-lo foi difícil para mim.

E ele também não queria mais que eu o levasse aos lugares:

– Pode deixar, Rô, o papai me leva.

Então, ao passar por essa fase, é primordial apoiar a madrasta.

Sim, você toma a decisão final

Evitar desgastes entre madrasta e filho passa a ser uma tarefa diária. Com a resistência da criança em acatar as ordens da madrasta, a responsabilidade será sempre do pai. A madrasta precisa entender que, diante de um impasse, a decisão final será sempre do pai. Com o tempo, ela vai ganhando espaço e descobrindo a melhor forma de aproximação e aceitação.

"Eu tinha cumplicidade com o meu marido, mas mesmo assim não foi fácil.

Eu levava e buscava o meu enteado no curso de inglês. Um dia, voltando da aula, ele disse que não queria mais ir às aulas. Na hora, falei que aquilo não estava em discussão, que era óbvio que ele não ia parar de estudar inglês e mudei de assunto. Quando o meu marido chegou em casa, o menino disse:

– Pai, não quero mais estudar inglês.

O meu marido respondeu:

– Tá bom.

Assim que fiquei sozinha com meu marido e expliquei minha posição, mas mesmo assim ele disse que não ia forçá-lo e cancelou o curso, claro que fiquei arrasada por um bom tempo, mas nessas horas a madrasta precisa entender que ela pode palpitar, dizer o que considera adequado, mas se o pai não compactua com ela não adianta forçar. Depois eu até conversei mais um pouco com o meu enteado, dei minha opinião apenas como uma última tentativa, mas não mudou nada. Percebi então que as decisões nesse campo não cabem a mim."

É comum a madrasta se revoltar porque sua opinião não foi levada em conta, ficando inclusive com medo de ter um filho com esse homem, mas isso não muda nada. Quando a madrasta também é mãe, fica mais fácil. Ela contorna a maior parte dos impasses do dia a dia sozinha e só depois relata ao marido o que aconteceu e como ela resolveu a situação.

Começando a namorar? Conte tudo

Já que a verdade é a base para o sucesso de qualquer relacionamento interpessoal, pode ser que a revelação de que é pai separado espante a candidata à namorada. Mas o histórico é inevitável e omitir informações costuma ser desastroso. Namorar alguém que não aceite uma série de situações não é atitude de quem está decidido a ser um pai presente. Fazer boas escolhas é determinante; portanto, se tiver uma parceira consciente da condição, isso jamais será usado contra você pela mãe.

"Meu marido disse que conversou com a ex e combinaram que ele vai assumir a guarda do filho. Onde eu fico nessa história? Acabei de me casar, não consigo imaginar uma criança de 8 anos, já criada por outra pessoa cheia de mimos, morando em

minha casa! Terei de assumir responsabilidades de um filho que não é meu, enquanto a mãe dele estará curtindo a vida livre, leve e solta. Isso não é justo!"

Já vi pais dizendo que se a namorada dissesse tudo isso não se casariam com ela. Mas percebo que o casal foge desse assunto durante o namoro e só descobre a opinião do outro depois que já estão casados, totalmente envolvidos. As madrastas devem saber dessa possibilidade desde o início do relacionamento. Se ela disser que não aceita e o pai não se manifestar, ele não pode dizer que não trouxe a criança porque a madrasta não quis. A imposição dela foi aceita.

Ao pretender ter um novo relacionamento e antes de contar ao filho, é bom considerar alguns fatores que serão postos em dúvida na alienação parental:

- A candidata pode se espantar quando souber que você tem um filho.
- Você não tem certeza se o namoro vai dar certo, mesmo que estejam juntos há meses.
- Você tem dúvida se a namorada será uma boa madrasta ou não confia nela para esse papel, apesar da intensidade do sentimento.
- Você está inseguro para apresentar a namorada a seu filho, pois teme a reação dele e não quer provocar frustração.
- Você teme a reação da ex-esposa.

As questões financeiras fazem parte de todo relacionamento. A madrasta saberá do pagamento da pensão e poderá querer interferir no valor. Mais uma vez o diálogo será relevante.

Dicas importantes para a boa convivência com a madrasta

▶ O ideal é que os finais de semana que o pai passa com a criança sejam alternados, para que tanto a mãe quanto a madrasta tenham esse período livre. Por mais que a mãe fique todos os dias com o filho, o tempo de qualidade para passeios e convivência é no fim de semana, e ela tem direito a essa oportunidade.

"Quando começamos a namorar, meu marido pegava o filho de 15 em 15 dias, mas agora faz isso todo fim de semana. Ele afirmou que os fins de semana dele são exclusivos do filho. Fiquei muito chateada, pois trabalhamos a semana toda e nunca temos um momento só nosso."

Nesse caso, é melhor não começar um novo relacionamento, pois será complicado encontrar uma companheira que aceite uma situação como essa.

▶ Geralmente, os avós mantêm os laços com a ex-esposa para ter a oportunidade de conviver com o neto. E, mais uma vez, é preciso adaptação. Os sogros devem se organizar para não criar momentos embaraçosos de encontros inconvenientes. Todas as ocasiões em família devem ser planejadas para evitar constrangimentos. Jantares, aniversários e outras festas não podem surpreender ninguém. A nova formação familiar é a prioridade.

▶ Não é só no meio de pai e madrasta que filho gosta de "se enfiar". Mesmo entre pai e mãe isso acontece. Portanto, isso não significa que a criança esteja com ciúme por causa da madrasta. Quando estiverem no carro com a namorada/esposa, é ela que vai no banco da frente e não a criança. Quando estiverem andando na rua, todos seguem de mãos dadas.

▶ No restaurante, você e a sua namorada/esposa escolhem o lugar onde vão se sentar e o prato que vão comer. O pedido da criança será atendido conforme o acordo entre os três.

▶ Não é recomendável tratar a criança como bebê, a fim de compensá-la pela separação. Infantilizar demais um filho que já tem 8 anos, por exemplo, pode ser prejudicial ao desenvolvimento dele. Dar comida na boca, vesti-lo, dar banho e mudar a voz para falar são exageros. Um mimo ou outro é permitido, mas vale verificar se certas atitudes não fazem bem apenas ao pai.

▶ A madrasta, a babá, os professores e os avós não são os responsáveis pela criança. São apenas pessoas que ajudarão na empreitada de educá-la. Portanto, mesmo que a madrasta seja bem presente, a responsabilidade de educar é do pai.

▶ Lembranças e assuntos do passado podem incomodar a madrasta, mas se é importante para o filho jamais se deve deixar a criança sem resposta.

▶ Se a criança não obedece à madrasta e esta "desiste" de cobrar tarefas do dia a dia, a conduta está correta. Mesmo que a mãe tenha falecido, e por mais que a madrasta tenha atitudes maternais diariamente, ela nunca será a mãe dessa criança. Isso não se impõe.

▶ Nunca se deve pedir que a madrasta ame seu filho ou o ame como mãe. Não se escolhem os sentimentos. Basta que a madrasta goste da criança, respeite-a e trate-a bem.

▶ Se a mãe da criança faleceu, a madrasta será a referência materna principal, mas talvez seu filho nunca a aceite como mãe. É importante que a criança tenha recordações da mãe em seu quarto, como fotos e pequenos objetos. De tempos em tempos, contar histórias de quando a mãe era viva e como ela estava feliz no dia do nascimento pode ser positivo.

Enteado criança, enteado adolescente e enteado adulto: muitas diferenças

O comportamento paterno deve variar conforme a idade dos filhos. É fundamental que o pai consiga perceber o que é adequado em cada fase da vida e não trate os filhos como criança ou adulto fora de hora. Enquanto são pequenos, o objetivo deve ser o de educar. Cansa, é preciso repetir várias vezes a mesma coisa, mas é assim que funciona. Nesse período é essencial que o pai não desista de ensinar.

Na adolescência, deve-se colher todo o trabalho de educar que foi aplicado. Não é mais possível aceitar falhas graves de comportamento. É necessário exigir responsabilidade, e o fato de ser filho de pais separados não é motivo para relevar erros cometidos. As situações da vida não vão considerar essa justificativa e cabe ao pai mudar o hábito do filho que chega da escola e passa a tarde toda na frente da TV, no computador ou jogando *videogame*. Os jovens devem ser orientados a praticar atividades esportivas e culturais, e ser lembrados da importância de escolher uma profissão, ganhar seu dinheiro, ter casa própria.

"Em certo *réveillon*, meu filho passaria a virada comigo e a filha dele viajaria com a família da mãe. Comemoraríamos na casa de amigos, e meu marido disse que só iam adultos e não seria legal levar meu filho. Mas se a filha dele tivesse decidido ficar conosco certamente ela iria! Ele me diz que eu não entendo que, como ele não mora com a filha, tem de aproveitar as oportunidades que surgem."

Certamente o pai deve aproveitar tais oportunidades, mas com coerência. Se a festa não seria adequada para o enteado, igualmente não o seria para a filha.

E os passeios com a criança?

"Ontem, na hora de entregar o filho, meu ex perguntou se não gostaríamos de passear os três juntos no dia das crianças. Afirmei que já tinha programado outro passeio com a minha família, mas que ele poderia buscá-lo logo depois do almoço. Ele insistiu. Eu disse que ficaria para uma próxima, mas não existirá esse dia."

Não há necessidade alguma de pai e mãe separados saírem com a criança. Essa será a nova realidade de todos. No início da separação, se o ex-casal se relacionar bem e ainda não estiver em um novo relacionamento, a mudança pode ser mais gradativa. Mas ao longo do tempo isso não faz bem à criança, pois ela precisa enfrentar a realidade. O pai pode estar se sentindo sozinho, sem ajuda, mas terá de aprender a lidar com isso. A mãe pode dar dicas de lugares para frequentar, que atividades fazer com o filho etc.

O padrasto

Após a separação, normalmente a guarda da criança é entregue à mãe. Se a mulher casar de novo, a criança tenderá a conviver muito mais com o padrasto do que com o pai. Se a mãe mudar para outra cidade, ficará ainda mais difícil para o pai ser presente na vida desse filho. É importante que, mesmo diante dos obstáculos, o pai não desista e se organize para participar da vida do filho o máximo que puder.

O que o padrasto sabe sobre o pai da criança é o que a mãe contou. Mesmo que o drama seja real e o homem tenha sido um péssimo marido, ele continuará sendo o pai da criança. Muitas mulheres se arrependem por terem escolhido tão mal o pai de seus filhos, mas se esse pai tão ruim quiser assumir o seu papel e nada depuser contra ele a mãe precisa aceitar essa realidade. E muitas vezes ele não faz nada que o desabone. O fato de fumar, ingerir bebidas alcoólicas e falar palavrão não faz dele exatamente um péssimo pai.

O apelo financeiro pode existir, o padrasto manipulador incentiva a criança a torcer por seu time de futebol, quer ser o primeiro a levar a criança para assistir à estreia do filme no cinema, entre outros exemplos. Chega ao ponto de a criança não querer mais se encontrar com o pai, comprovando a alienação parental cometida pela mãe e apoiada pelo padrasto. Dependendo da idade, o filho não tem maturidade para se libertar dessa opressão e dizer do que realmente gosta. Ela até poderia manter o vínculo maior com o padrasto, mas nunca admitiria que falassem mal de seu pai nem ficaria feliz se o afastassem dele.

Se perguntassem a essa criança se ela preferiria ir de helicóptero ao clube de campo para pescar com o padrasto ou ir a pé comer pastel na feira com o pai, ela responderia o segundo passeio, mas não poderia assumir sua vontade por questão de sobrevivência. É para a casa do padrasto que a criança voltará depois e não poderá correr o risco de viver em um lar em que ela provocou a desarmonia. Então, a criança fala, escreve e desenha o que o padrasto e a mãe querem ver e ouvir.

Muitas famílias causam esse constrangimento ao filho, afinal a lei permite que aos 12 anos a criança decida com quem quer morar. Infelizmente, o desfecho de uma guarda não deveria ser assim. Ao escolher um dos pais, o filho desaprova o outro e, por mais que esse seja mesmo seu desejo, não ficará bem.

5

Alienação parental, processos e presença[3]

Normalmente, quando o pai se dá conta de que está sendo efetivamente afastado da vida do filho e resolve procurar ajuda, é tarde: a alienação parental já se encontra instalada. Então, ao menor sinal de que o processo de alienação parental começou, o pai que se sentir prejudicado deverá tomar uma atitude e não esperar que os problemas se resolvam sozinhos.

Com dados consistentes sobre a ocorrência de atos de alienação parental, o genitor pode levar o caso ao Judiciário, pedindo que haja intervenção. O primeiro passo é procurar um advogado (ou assistência judiciária gratuita, caso não tenha condições financeiras) para ingressar em juízo[4], pedindo provimentos judiciais que façam cessar a situação de alienação parental.

Ao verificar indícios de alienação parental, o juiz solicita apuração. Indício é menos do que prova. Está entre a possibilidade e a probabilidade. Portanto, de acordo com a lei, indícios já são suficientes para instaurar o procedimento de verificação de alienação parental.

---

3. Capítulo escrito com base em Alciprete, 2012.
4. Entrar formalmente com uma ação na Justiça, a fim de obter do Judiciário uma solução para o problema.

A Ação de Regulamentação de Convivência é a forma mais eficaz de solucionar o problema, embora não seja um processo rápido. O Juízo de Família decidirá, depois de estudo social e psicológico, pela regulamentação da convivência entre pais e filhos. Se houver necessidade de realização de perícia psicológica, o procedimento pode levar até 90 dias.

O genitor que detiver a guarda deverá cumprir a decisão judicial e respeitar os dias e horários de convivência do outro. Caso tente, de alguma forma, impedir ou dificultar a convivência, o juiz pode determinar medidas de correção. Elas são progressivas e podem ser cumulativas: advertência, multa, ampliação da convivência, intervenção psicológica, alteração da guarda e, nos casos mais graves, suspensão da autoridade parental.

Danos morais

Concluído o processo de separação em que foi caracterizada a alienação parental, a lei garante que aquele que não tem a guarda da criança tenha direito a reparação. Nesse caso, abre-se um novo processo contra o alienador.

É nesse momento que o pai tende a relaxar. Depois de tanto desgaste com os processos judiciais da separação e da guarda, que podem se arrastar por anos, é compreensível que o pai fique satisfeito por voltar a conviver com a criança e não queira mais enfrentar processos.

Não levar o processo até o fim, no entanto, é um grande erro. É fundamental que a mãe seja punida de forma que, quem sabe, não tente fazer o mesmo depois de alguns meses.

Atingir o alienador financeiramente ainda é uma maneira de compensação pelo desgaste de lutar por um direito. Cada

Ex-marido, pai presente

causa ganha contribui para aperfeiçoar o julgamento e os processos passam a evitar outras acusações falsas. O Ministério Público ganha em argumentação e mães mal-intencionadas reconsideram antes de agir. A atitude mais drástica servirá de exemplo para outros pais, e as mães irresponsáveis não contarão com a impunidade.

Pais unidos

Em virtude da lentidão nos julgamentos surgiu uma nova forma de pressionar pela solução dos processos. Grupos que se unem por uma causa, para fortalecer a argumentação e, assim, provocar mudanças na Justiça. Os pais que são vitimados pela alienação parental estão reunidos em instituições, como Pailegal, Participais, Apase e Pais para sempre, entre outras (veja mais informações na seção "Para saber mais").

Um exemplo real dessa iniciativa que chamou a atenção internacionalmente foi o caso de David Goldman. A causa se fortaleceu graças a amigos que criaram o site *Bring Sean Home* (Tragam Sean para casa) para testemunhar a injustiça cometida contra um pai exemplar, lutando pelo direito de ter a guarda do filho. O Bringseanhome.org tornou-se uma ferramenta para americanos, brasileiros e pessoas de outras nacionalidades empenhadas no objetivo de devolver a criança ao país de origem quando um dos pais a leva embora sem consentimento do outro.

O caso David Goldman é simbólico, pois mostra que um grupo unido faz pressão, conquista o interesse da imprensa – que torna público o acontecimento – e força a aplicação da lei.

Você e sua ex-esposa

O pai que se intimida diante da ex-esposa precisa contornar a situação em benefício do próprio filho. Toda vez que a mãe agir como se a criança fosse "propriedade" dela – não cumprir o que foi combinado, não estar em casa no dia e no horário acertados para que o pai pegue o filho, viajar com a criança nos dias de convivência –, o pai deve fazer o que ficou determinado no documento de divórcio perante o juiz.

Mesmo que a guarda continue sendo da mãe, precisa ficar claro que ela não pode atrapalhar a relação de paternidade. É fundamental denunciá-la toda vez que houver violação do acordo legal.

Como compensação pela permissão para se mudar para longe, o documento de divórcio pode determinar que as férias escolares e os feriados prolongados sejam inteiramente liberados para a companhia do pai.

Assim como tantas outras leis do sistema judiciário brasileiro, a que permite à mãe mudar-se de cidade com a criança precisa ser adaptada para estipular uma distância máxima. Em virtude da morosidade da Justiça, os pais brasileiros se acomodam ou desistem. Pode até demorar, mas é preciso persistir, pois a perseverança representa o direito de exercer a paternidade.

Por isso é tão importante ter um bom advogado. Ao perceber que enfrenta uma situação de alienação parental, peça ajuda a especialistas das áreas envolvidas, crie um *blog*, promova um fórum na internet. Assim você pode movimentar a opinião pública e buscar apoio para sua causa.

O tema tem ganhado espaço na mídia e não é mais novidade. Os casos estão na família, no círculo de amigos e em todas as camadas sociais, mesmo que de modo sutil. Já que as relações entre pais e filhos evoluíram, tornando a figura paterna mais próxima e dedicada, devem se adequar todos os aspectos da modernidade, ainda que para isso ocorra o questionamento da primazia da maternidade.

Meu pai presente

Meu pai faleceu de câncer em 1996. Ele fumou muito ao longo de seus 65 anos e o tumor atingiu laringe, faringe, traqueia e cordas vocais. Foi muito triste perdê-lo, mas tive a grande sorte de conviver com ele ao longo de 23 anos. Foi com o meu pai que aprendi a gostar tanto de trabalhar, a ser feliz e ver a felicidade em tudo, mesmo nos momentos difíceis da vida.

Ele me ensinou a andar de bicicleta e a brincar de casinha nas prateleiras de papel de sua empresa. Foram inúmeros finais de semana e férias divertidas, com muito sorvete e chocolate. Quando eu voltava para a casa da minha mãe, levava tempo para desencardir meu joelho, desembaraçar os nós do meu cabelo e ainda precisava tomar vitamina para recuperar o peso. Para a minha mãe, o mais importante era eu ter um pai presente.

Se eu falecer, certamente, quem vai terminar de criar meu filho é a pessoa que escolhi para ser pai dele. Escolhi com muito critério, pois não podemos achar depois que o pai não tem condições de criar o nosso filho.

6

Depoimentos

Voltando para casa

Eu vivia muito mal com minha esposa. Decidi me separar dela quando nossas três filhas eram bem pequenas. Depois de um tempo, percebi que as meninas estavam muito tristes e disse à minha ex que, apesar de querer manter a separação, eu desejada morar com elas na mesma casa, a fim de participar do seu dia a dia. Minha ex aceitou pela comodidade de contar comigo para criar nossas filhas, mas sempre me desrespeitava, falando mal e reclamando de mim na frente delas. O tempo passou, elas cresceram e nunca me respeitaram. Até hoje dizem me considerar um fraco por ter vivido ali só por conta delas, por não ter refeito minha vida. Eu me arrependi muito de ter voltado para aquela casa depois da separação, de não ter tocado minha vida nem me relacionado com mais ninguém. Minha atitude e meu sacrifício foram vistos pelas minhas filhas como burrice."

JPF, 52, jornalista

Nunca desista de seu filho

Sou separado há cinco anos e tenho gêmeos de 8 anos. Eles não querem mais vir à minha casa e já não insisto. Tenho noção de que sou um bom pai, que fiz tudo que podia para ficar o mais presente possível, mas minha ex-esposa fala mal de mim e atrapalha a minha convivência com os meninos. Vou buscá-los na escola três vezes por semana, mas nem isso tenho mais vontade de fazer, pois eles não fazem a menor questão que eu vá. Consegui esse direito em juízo e só por isso a mãe acata, mas deixa claro para os meninos que não gosta. Resolvi desistir dessa convivência forçada.

PHFC, 40, empresário

Meu relacionamento sempre foi conturbado, pois a família da minha ex-mulher queria que ela se casasse com um homem rico. Vencemos as dificuldades iniciais e, três meses depois de casados, para nossa alegria, minha mulher engravidou.

Passei a trabalhar muito para custear as despesas com o apartamento que estávamos montando e com o enxoval do bebê. Minha sogra fazia questão de criticar meu gosto e de escolher cada detalhe da *minha* casa e do enxoval da *minha* filha.

No sexto mês de gestação, já com apartamento comprado, minha esposa resolveu que íamos nos separar, mesmo sem brigas. Não aceitei e, depois de questionar sua decisão, ela confessou estar obedecendo a uma ordem da minha sogra. Minha mãe intercedeu, conversando com mãe e filha, e ficou tudo bem por um tempo.

Com apartamento pronto, enxoval comprado e quarto decorado, só nos restava aguardar o nascimento do bebê, mas os problemas eram diários. Por medo de entrar em trabalho de parto, ela passava o dia com a mãe e só ia para casa na hora de dormir.

Minha filha nasceu linda e saudável e fomos para a casa dos meus sogros, a fim de que minha esposa tivesse o apoio da família no período de recuperação. Minha sogra fez questão de dar o primeiro banho, levar para o primeiro passeio, fazer o primeiro tudo, sempre me excluindo dos momentos e das fotos.

Como eu precisava trabalhar o dia todo, ela se aproveitou do momento frágil da filha e fez que a depressão pós-parto que esta enfrentava se voltasse contra mim. Em meio às lágrimas, ela me disse que não voltaria à nossa casa.

Voltei para nosso apartamento sofrendo muito. Todo dia eu visitava minha filha e sempre "ficava" com minha esposa. Ao flagrar um beijo nosso, sua mãe disse que a partir dali acompanharia minhas visitas. Também afirmou que minha luta não adiantaria de nada, uma vez que ela havia "programado" as filhas para fazer o que os pais mandassem, fosse certo ou errado.

As visitas passaram a ser insuportáveis. Só me deixavam ver a menina quando ela estava dormindo. Certo dia, ao voltar do trabalho, encontrei o apartamento vazio. O pai da minha mulher havia levado tudo. Só deixou minhas roupas. Não reclamei porque tinha esperança de reatar o casamento.

Continuei visitando minha filha, mas os encontros eram cada vez mais rápidos, pois sempre havia uma desculpa para afastá-la de mim. Resolvi pedir o divórcio litigioso, uma vez que minha ex se recusava a assinar o documento. Devido às ameaças do seu pai, acabei me afastando da minha filha e esperei a ação da justiça.

No meio do processo, consegui uma liminar que me autorizava a passar os fins de semana com a menina. No dia em que fui buscá-la, eles apresentaram uma liminar que caçava a autorização. Meu advogado entrou com recurso e descobriu que haviam alegado que eu era alcoólatra, vivia em farras e não queria contato com minha filha, sendo o recurso uma tentativa de reatar com minha ex-mulher.

Apresentei as provas contra as mentiras, ganhei o processo e tive direito às visitas. Mais uma vez não funcionou. Quando eu visitava minha filha, acabava sendo humilhado pela família da minha ex – esta, aliás, nunca aparecia nos encontros.

Aos poucos, fui conquistando a menina com mimos e presentes, mas nunca recebi um abraço verdadeiro, pois ela sempre ficava na defensiva. Quando ela estava com 2 anos, eu soube por terceiros que minha ex se casara com um rico empresário paulista e se mudara para o Rio de Janeiro. Desde então, nunca mais vi minha filha, que hoje está com 4 anos. Como estou passando por problemas familiares e financeiros, precisei adiar a reabertura do processo, mas não vou desistir.

GB, 36, jornalista

Tenho três filhos com minha ex-esposa, hoje eles estão com 17, 16 e 10 anos. Sempre fui um pai presente, comunicativo e sobretudo controlado, pois precisamos impor limites aos adolescentes. A mãe nunca se manifestou contra a vontade deles, é omissa e permissiva.

Minha saída de casa foi trágica. Tivemos uma briga e ela tentou me matar com uma faca. Fiz um boletim de ocorrência e entrei com o pedido de divórcio.

Ex-marido, pai presente

No dia em que fui buscar minhas roupas, ela pediu, aos prantos, que eu voltasse. Não contente com a cena, fez meu caçula pedir o mesmo. Ele apareceu chorando como ela. Aquela situação me deixou atordoado, mas eu não queria mais ficar casado com ela. Eu já suportara demais em nome dos meus filhos.

Foram muitas as ameaças que ela me fez. Ela chegou a me atacar na rua! Lembro-me das vezes em que ela pedia que eu reagisse, pois queria me denunciar por agressão e usar a lei Maria da Penha. Felizmente eu nunca revidei.

Foi muito difícil conviver com meus filhos. Foram oito boletins de ocorrência por descumprimento de visitação. Dois advogados para me defender, em diferentes ocasiões, idas e vindas ao fórum. Sessões de estudo social e análise psicológica. Na separação, ficou decidido que eu pegaria meu caçula, na época com 8 anos, a cada 15 dias. Tudo começou na terceira visita. Não pude levá-lo. Fiquei sem ação, não sabia como proceder, esperei a segunda-feira para ir ao advogado. Ele me orientou a fazer um boletim de ocorrência se acontecesse de novo. Quinze dias depois, minha ex disse que o menino não queria me acompanhar por causa da minha nova mulher.

Foram muitas idas e vindas, troca de advogados, processos, intromissões, boletins de ocorrência.

Minha ex não me deixava falar com meus filhos ao telefone nem permitia que eles chegassem perto de mim. Eles diziam me odiar. Foram anos de lágrimas. Há dois meses saiu a audiência, fomos ao fórum. Todos teriam de passar por estudos sociais e análises psicológicas. Todos passaram. Hoje consigo ver meus filhos a cada 15 dias. É pouco para um pai que estava sempre presente, mas depois de tudo que sofri o domingo com eles é uma eternidade de alegria.

Hoje, apesar das cicatrizes que a mãe conseguiu plantar, estamos nos reencontrando. Sou um vencedor, pois nunca desisti de lutar pelos meus direitos de *pai*. Agradeço o apoio da minha esposa.

AHM, 47, supervisor de vendas

Depois de 16 anos casados, eu e minha mulher nos separamos. Nossa filha tinha 10 anos na ocasião. Contar a ela foi provavelmente a coisa mais difícil da minha vida! Advogados constituídos e cada um na sua casa, partimos para a pior parte de um casamento, na qual se conhece verdadeiramente o outro cônjuge. A lista de despesas absurdas apresentada pelo advogado dela incluíam cabeleireiro e manicure uma vez por semana para uma garota de 10 anos! Perdi o meu modesto patrimônio para a ex, na calada da noite e de uma forma tão baixa que não convém entrar em detalhes. Algumas batalhas ainda não terminaram, mas a minha fé na justiça, sim.

Hoje, vejo minha filha uma vez por semana e um final de semana a cada 15 dias. Não estou contente com o tempo que passo com ela, pois é muito difícil educar, impor limites e transmitir valores vendo-a tão pouco. Solicitei a guarda compartilhada há um ano e pouco e até agora, nada. Os feriados deveriam ser alternados, mas fui "roubado" algumas vezes. Autorização para viagens, só judiciais.

Por conta dessas sitiuações difíceis, posso dizer que minha filha foi a única coisa boa que restou do meu casamento.

RPL, 45 anos, engenheiro

Separei-me em 2006. Minha ex-esposa saiu de casa e combinamos a guarda compartilhada da nossa filha, que estava com 2 anos e meio. Alguns meses depois, ela começou a criar obstáculos e a tentar desfazer o combinado.

No ano seguinte e sem aviso, ela se mudou para outro estado. Fiquei quase um ano viajando em finais de semana alternados para conviver com a menina, que sempre pedia para voltar comigo para minha cidade.

Por meses a fio visitei parlamentares e estive regularmente no Congresso Nacional em diversas manifestações pela aprovação do projeto de lei da guarda compartilhada – que em 2008 finalmente se tornou lei. Entretanto, ela não resolveu o problema dos que lutam pela igualdade parental, recebendo nas Varas de Família uma interpretação esdrúxula, frontalmente contrária à intenção do legislador.

Em 2008, acabei sacrificando minha carreira, entre outras coisas, para me mudar para o mesmo estado de minha ex-esposa e voltar a participar da vida cotidiana da minha filha.

O processo de guarda compartilhada está na segunda instância do Tribunal de Justiça do Distrito Federal. Minha ex-mulher continua pedindo a redução do meu convívio com a menina.

Em 2011, o STJ decidiu em um caso concreto pela guarda compartilhada, em consonância com o espírito da Lei de 2008, esclarecendo os "pontos controversos" que os tribunais pareciam não entender e estabelecendo jurisprudência bastante favorável para os que lutam pela igualdade parental. Acredito que, com essa jurisprudência, as aberrantes injustiças que ainda ocorrem sob o manto do "segredo de justiça" vão começar a ser questionadas nas Varas de Família.

APC, 40, advogado

Separei-me em fevereiro de 2009 e dois meses depois foi determinada a pensão alimentícia para minha filha, que na época tinha 2 anos e 8 meses, e também as visitas quinzenais. Eu a pegava na casa da mãe aos sábados pela manhã e a levava de volta no domingo à noite.

Nos quatro primeiros meses, não tive problema algum. Estávamos muito felizes. Ela por poder passear comigo e eu, depois de uma separação dura, por poder conviver ela. Mas essa alegria durou pouco. Em setembro de 2009 começaram os epidódios de alienação parental. De início, minha ex tentou fazer um acordo verbal no qual eu só veria a menina uma vez por mês. Quando recusei, ela passou a afirmar que a menina não estava bem de saúde e que arranjava brigas na escola. Na minha casa, nada disso acontecia.

Então, ocorreu o episódio mais grave. Em um dia de visita, ela chamou a polícia e me acusou de abusar sexualmente da menina. Fiquei estupefato, não sabia o que fazer.

Daí em diante, só consegui visitar minha filha com a homologação do juiz em mãos e chamando a polícia. Até que recebi um mandado de citação com todas essas acusações mentirosas e, dias depois, estávamos diante do juiz para uma audiência.

Sem nenhuma prova concreta das acusações, o juiz suspendeu as visitas quinzenais. Como a palavra de uma mãe vale mais do que qualquer prova, a Justiça me separou da minha filha. Faz dois anos que não a vejo nem falo com ela – e hoje tem 5 anos e mal me conhece.

A única "vitória" que tive até agora foi que, na época das acusações, um laudo ginecológico feito em minha filha constatou que estava tudo normal. Vitória entre aspas, pois imagino a situação terrível que a menina precisou enfrentar.

Ex-marido, pai presente

É inaceitável um juiz separar pais e filhos sem tomar conhecimento dos fatos reais, sem se importar com o sentimento de uma família devastada pela mentira de uma mãe maliciosa que só quer se vingar do ex-marido e, para isso, usa uma criança inocente.

BAW, 38, biólogo

Palavras finais

Procurei, neste livro, conscientizar os pais separados dos perigos da alienação parental. Depois de conviver por quase uma década com o tema em meu consultório, acredito que a única forma de evitar a separação entre pai e filhos é a informação.

Se você está prestes a se separar de sua esposa, tome todas as medidas legais para garantir o contato de qualidade com seus filhos. Se já se separou e desconfia de que será vítima de uma ex-mulher alienadora, procure imediatamente a orientação de um advogado. Se já sofre com as consequências da alienação, muna-se das informações contidas aqui e brigue na Justiça para interromper esse processo. Por mais doloroso, desgastante e oneroso que isso seja, seus filhos não podem correr o risco de ficar longe de você. Cada minuto conta. À luta!

Para saber mais

Artigos e livros

ALCIPRETE, Esilda. "Alienação parental". Disponível em: <http://www.mesepareieagora.com.br/alienacao-parental>. Acesso em: 2 maio 2012.

DUARTE, Herculana Lima Borghi; ALMEIDA, Josyane Souza; MALTA, Lívia Neves. "Alienação parental". Seminário apresentado à disciplina Pesquisa em Resolução de Conflitos, curso de Direito. São Paulo: Faculdades Metropolitanas Unidas, 2012.

FONSECA, Priscila Maria Pereira Corrêa da. "Síndrome de alienação parental". *Pediatria*, São Paulo, n. 28, v. 3, p. 162-8, 2006.

GARDNER, Richard A. "O DSM-IV tem equivalente para o diagnóstico de Síndrome de Alienação Parental (SAP)?" Trad. Rita de Cássia Rafaelli Neto. 2002. Disponível em: <http://www.mediacaoparental.org/richard_gardner.php>. Acesso em: 22 jan. 2012.

GOLDMAN, Sean. *A father's love: one man's unrelenting battle to bring his abducted son home*. Nova York: Plume, 2012.

HARAZIM, Dorrit. "A busca do filho". *Piauí*, São Paulo, n. 26, nov. 2008.

LEITE, Gisele. "Direito de família e alienação parental". 26 mar. 2012. Disponível em: <http://stoa.usp.br/giselel/weblog/105821.html>. Acesso em: 5 abr. 2012.

SILVA, Denise Maria Perissini da. "A nova lei da alienação parental". Disponível em: <http:// artigos.psicologado.com/atuacao/psicologia--juridica/a-nova-lei-da-alienacao-parental#ixzz1s8SFu8Hc>. Acesso em: 4 abr. 2012.

SOUSA, Analicia Martins de. *Síndrome da alienação parental*. São Paulo: Cortez, 2010.

ULLMANN, Alexandra. "Alienação parental e falsas memórias". s/d. Disponível em: <http://www.ullmann.com.br/blog/?p=11>. Acesso em: 26 mar. 2012.

_____. "Da punição ao ente alienador". s/d. Disponível em: <http://www.ullmann.com.br/blog/?p=11>. Acesso em: 26 mar. 2012.

WARSHAK, Richard. *Divorce poison – How to protect your family from bad-mouthing and brainwashing*. Nova York: William Morrow Paperbacks, 2010.

Sites interessantes

• Associação Brasileira Criança Feliz
http://www.criancafeliz.org/portal/

• Alienação Parental
http://www.alienacaoparental.com.br/

• Bring Sean Home Foundation
http://bringseanhome.org/

• Associação de Pais e Mães Separados (Apase)
www.apase.org.br

• Mediação Parental
http://www.mediacaoparental.org/Home.php

• Pai Legal
http://www.pailegal.net

• Pais por Justiça
http://www.facebook.com/groups/paisporjusticappj/
http://www.facebook.com/groups/paisporjustica/

Agradecimentos

Ao meu pai (1927-1994), pelos anos que passamos juntos. Ele viajava 460 quilômetros (ida e volta) todos os domingos para passar o dia comigo.

Ao Márcio, por não ter deixado de ser um pai presente na vida dos filhos depois da separação e por participar ativamente da vida de nosso filho, Pedro.

Aos participantes do Fórum das Madrastas, que contribuíram com muitas questões abordadas neste livro.

A David Goldman, a quem considero um herói por não ter desistido do filho mesmo diante de tantos obstáculos.

www.gruposummus.com.br

IMPRESSO NA
sumago gráfica editorial ltda
rua itauna, 789   vila maria
02111-031   são paulo   sp
tel e fax 11 **2955 5636**
sumago@sumago.com.br